Alexander Brückner

Russische Literatur

www.elv-verlag.de

Brückner, Alexander

Russische Literatur

ISBN: 978-3-86267-459-6

Auflage: 1
Erscheinungsjahr: 2011
Erscheinungsort: Bremen, Deutschland
Cover: Ausschnitt aus dem Gemälde "Im Wald" von Arkadij Rylow.

Europäischer Literaturverlag GmbH, Fahrenheitstr. 1, 28359 Bremen
www.elv-verlag.de

Bei diesem Titel handelt es sich um den Nachdruck eines historischen, lange vergriffenen Buches aus dem Ferdinand Hirt Verlag, Breslau 1922. Da elektronische Druckvorlagen für diesen Titel nicht existieren, musste auf alte Vorlagen zurückgegriffen werden. Hieraus zwangsläufig resultierende Qualitätsverluste bitten wir zu entschuldigen.

Alexander Brückner

Russische Literatur

Ferdinand Hirt in Breslau
1922

Inhaltsverzeichnis.

Schrift und Aussprache.

Das Russische bedient sich der cyrillischen (halbgriechischen) Schrift der alten Kirchensprache, die unter Peter d. Gr. modernisiert, seit 1919 durch die Bolschewiken etwas vereinfacht ist. Hier wird die lateinische Umschrift gebraucht; für richtige Aussprache gilt: **c** ist **z**, **ck** immer **zk**; **s** ist scharf, wie in Roß, **z** sanft wie in Rose; **č** ist **tsch** in deutsch; **š** ist **sch**, **šč** ist daher **schtsch**; **ž** ist das französische **j** wie in Journal; alle **e** sind weich zu sprechen, Turgenev lies Turgjenjev; das ie in Bielinskij klingt ebenso (Bjel-, nicht Bil-); **y** ist ein harter Laut zwischen **ö** und **ü**; der Unterschied von **ł** und **l** bleibt unbezeichnet; **v** ist **w**; den Akzent gibt der Strich über dem Vokalzeichen an. Die Vatersnamen, z. B. bei Ivan Sergejevič Turgenev (Sergejs Sohn), werden fortgelassen; wir sprechen nur von Ivan Turgenev. Es gibt keine Vokallänge oder -kürze; die Aussprache der unbetonten Vokale ist vielfach recht unbestimmt, wie verhallend.

Erstes Kapitel.

Rußlands Europäisierung.

Enger als anderswo sind in Rußland Staat, Kirche, Kultur mit Namen und Art bestimmter Städte verknüpft; zugleich sind die Kiewer, Moskauer, Petersburger Zeiten aufs schärfste voneinander geschieden. Mittelpunkt des alten Rußland, vom 9. bis 13. Jahrhundert, war das als Handelsstadt, Großfürstenstuhl und Höhlenkloster gleichberühmte Kiew im weiten Südwesten, am Dnjepr, das nach langer Blüte dem Ansturm der Steppenvölker erlag und durch sie zur Ruinenstadt wurde, wie einst Troja und Rom. Das mittelalterliche Rußland, vom 14. bis 18. Jahrhundert, verschob seinen Mittelpunkt weit nach dem sicheren Nordosten, gegen die Wolga hin, nach Moskau, dem »Mütterchen«, dem »weißsteinernen«, das ungleich mehr noch als Altparis oder Altlondon für Frankreich und England zum Herzen und Hirn seines Volkes wurde. Gleichzeitig fast symbolisch das moskowitische Rußland spiegelnd, wuchs auch Moskau ins Ungemessene, ohne zu reifen, hielt, ohne Fortschritt, wie erstarrt an allem Alten, also Heiligen, fest und schloß sich vor allem Neuen, also Bösen, ängstlich ab. Ein Machtwille von außen hemmte 1700 sein weiteres Wachstum und unterband seine Bedeutung. Auf die slawisch-tatarische Periode Moskaus folgte die Petersburger Epoche und damit die zentrale Kulturstellung einer Stadt, die nicht bodenständig, nicht organisch erwachsen, sondern durch den Despoten aus finnischen Sümpfen als Verkörperung seines Imperialismus hervorgezaubert war. Und nun durchzog die weitere Geschichte Rußlands, wiederum fast symbolisch, das Duell zwischen Petersburg und Moskau, das heute endlich zum Austrag gekommen ist. Der Hellseher Dostojevskij hat recht behalten; Petersburg, die phantastische Stadt, kann wieder in seine finnischen Sümpfe zurücksinken, und schon scheint sich unser Blick an diese neue Kräfteverteilung im Wettbewerb der beiden Städte zu gewöhnen.

Bis 1700 verträumte das moskauische Rußland sein geistiges Dasein, dafür um so wacher in seinem staatlichen Leben, jeden Fehl seiner Gegner schlau ausnützend. Es schlief sein Geist, getrennt von Europa, nicht durch natürliche Schranken, sondern durch den griechischen Glauben, der keinerlei Berührung mit dem ketzerischen Abendlande zuließ. Aber Moskaus griechischer Glaube war von keinem griechischen Wissen noch Denken begleitet, nicht einmal von einer griechischen Kirchensprache, die wie die lateinische im Abendlande Schulen zu ihrer Erlernung beansprucht hätte: eine verwandte, ohne weiteres halbverständliche südslawische (bulgarische) Sprache herrschte in der russischen Kirche, die ohne eigene Schule und ohne selbständiges Wissen und Denken angewiesen blieb auf eine einseitige Auswahl von Übersetzungen aus den Kirchenvätern, auf rein handwerksmäßiges Aneignen des geringsten Lesestoffes. Danach gestaltete sich auch die ganze »Literatur«, d. h. ihr dürftigster Ersatz. Wenige Chroniken und Legenden, daneben viel fromme, meist übersetzte Schriften, füllen den Zeitraum zwischen 988, da Großfürst Wladimir sich taufen ließ, und 1700, da der letzte Patriarch von Moskau starb. Nur das epische Volkslied dieser Zeiten könnte die Aufmerksamkeit stärker fesseln. Wie Träume mitunter Wunschträume sind, so feierten diese Lieder, wovon die Wirklichkeit nichts wußte, stete Siege über die »ungläubigen Hunde«, die Tataren, die Oberherren des Landes. Und ihr Hauptheld ward ein Moskauer Ideal: roh im Gebaren, weich von Herzen, bedächtigen Sinnes, ein Verspötter seines Fürsten und Adels, nur für Witwen, Waisen, Kirchen sich aufopfernd; mit Verachtung könnten auf diesen demokratischen Helden die »feudalen« Gestalten eines Siegfried und Achill herabsehen. Formlos wie ihr Held waren diese Lieder der fahrenden Sänger, voll von grellen Übertreibungen, einförmigen Wiederholungen, mißverstandenen Namen und Daten; doch fehlte es nicht an epischer Fülle und Anschaulichkeit, an malerischen Zügen, an nationalem Stolz: keine größere Kunst schuf hier aus losen Liedern ein Ganzes.

Aus seinem Mittelalter trat Moskau im Jahre 1700 heraus mit dem Glauben, daß es das dritte und letzte Rom, sein Rußland das heilige, sein Volk das auserwählte wäre. In seinem Blute staken slawische anarchische Instinkte und alter Wandertrieb; sonst herrschte ein patriarchalischer Despotismus in der Familie, die Allmacht der Tradition im Leben, die Neigung zur Vergesellschaftung ohne Fähigkeit zur Organisation beim Volke, ein lebhafter Sinn für Gleichheit und Brüderlichkeit in allen, sowie ein Mangel ästhetischer Anlagen und die Ehrfurcht vor der Mutter Erde. In der harten Schule: der Tatarenchane wie der Großfürsten, die sich mit mongolischem Geiste vollgesogen, des Moskauer Zentralismus, der keinerlei selbständige Regung duldete, und des undankbaren Bodens war der Russe zu Genügsamkeit, Ausdauer, Ergebenheit in sein Los erzogen worden, ohne geistige Bedürfnisse, huldigend dem asketischen Ideal seiner Kirche, das sich mit der sündigen Welt nicht vereinigen ließ. Aus diesem Zwiespalt führten ihn heraus: Almosen und Fasten, Verehrung von Heiligenbildern und Wunderstätten, Verherrlichung von Mönchstum und Weltflucht. Gleichen Geistes war sein Adel, von derselben Unbildung, Roheit, Mystik, jede Arbeit hassend, seinen Unterhalt von der Fronarbeit der Hörigen fristend. Der Staat pochte auf die Unerschöpflichkeit seines Menschenreservoirs, die endlose Ausdehnung des Landes, den blinden Gehorsam gegen den Herrscher, Gottes Abbild auf Erden. Man verzichtete schließlich in der Literatur auf die eigene Sprache, die in dem primitiven Schrifttum durch die kirchenslawische ersetzt wurde.

Aber der Fall des orthodoxen Byzanz 1453 weckte den Moskauer Imperialismus. Denn kraft seiner Orthodoxie, jetzt der einzigen herrschenden, unabhängigen in Europa, trat Moskau das Erbe und die Ansprüche auf die Hagia Sophia an, wie es den Türken alte Prophezeiungen kündeten. Für die Führung seiner Kriege gegen die Steppe, die Ostseeländer, Litauen und Polen ward nun abendländische Rüstung unumgänglich, und ihr öffneten sich schon im

16. Jahrhundert die streng gehüteten Tore Moskaus; mit ihr kamen Handwerker und Kaufleute, Waren und Fertigkeiten. Seit 1650 trat der Einfluß von dem neuerstandenen Kiew hinzu, das durch die Vereinigung Südwestrußlands mit Litauen-Polen in die Bahnen polnischer Kultur gedrängt, dessen geistige Rüstung schlecht und recht sich aneignete und sie nun nach dem glaubenseinen Moskau hinübertrug, nicht ohne auf starke Anfeindung zu stoßen von seiten des unbeweglichen Volkes und seiner trägen, unwissenden Geistlichkeit, die am Alten, nur weil es alt war, hängend, auch die geringste Abweichung als ketzerische Neuerung bekämpfte; versteifte sich doch die orthodoxe Kirche gegenüber der römischen stets auf ihre Unbeweglichkeit, auf ihr treues Festhalten an den »Vätern«. Die geringfügigsten »Reformen« führten zu einer Glaubensspaltung: die halsstarrigen Anhänger des Alten lösten sich von der »Staatskirche« des Patriarchen Nikon, von den Nikonianern, ab und verbrannten eher sich selbst oder verscharrten sich in der Erde, als daß sie »das Siegel« der Sünde auf sich nahmen und vom »alten Glauben« abfielen, fortan als die »Altgläubigen« (Raskolniken), mit ihrem fanatischen Aberglauben, als Verächter von Tabak, Alkohol und Wissen sich schließlich in den tollsten Eigenbröteleien verlierend, verfolgt von Kirche und Staat und erst im 20. Jahrhundert befreit vom Drucke.

Zugleich mit jenen unbedeutenden Kirchenreformen, die so bedeutende Folgen nach sich zogen, wurde das Schrifttum durch Übersetzungen aus dem nahen Polnischen und durch russisch-polnische Vermittlung bereichert, die sich auf volkstümliche Erzählungen (Melusine, Magelone, die sieben weisen Meister), auf Chroniken und Erbauliches bezogen. Die wörtliche Übersetzung genügte bereits. Das wenigste davon sickerte langsam in die breite Masse hinab und weckte erstmalig geistige Interessen, die bisher, wenn auch nur in bescheidenstem Maße, Monopol von Kloster und Mönchen gewesen waren. Nur einmal, bei den »Wirren« von 1603 bis 1613, nach dem Aussterben der alten Rurikfürsten, unter den falschen Dimitrijs, vor der Berufung der Romanows auf den einst großfürstlichen, jetzt schon zarischen Thron, waren bei den Kämpfen zwischen dem gesetzteren Norden und dem anarchischen, kosakischen Süden, zwischen dem orthodoxen Osten und dem »ungläubigen« Westen (Polen) vorübergehend die Köpfe und Federn der Mönche aus ihrer Starrheit erweckt worden, die die nationalen und staatlichen Interessen verteidigten. Nichts von diesen Streitschriften mit ihrer unglaublich verschnörkelten, stellenweise unverständlichen Sprache kam in den Druck, von dem jene Übersetzungen aus dem Polnischen ebenso ausgeschlossen blieben; alles dies ward vielmehr nur in wenigen Abschriften verbreitet, die im Kloster sowie bei Hof und Adel umliefen. Wohl hatte man bereits 1563 in Moskau zu drucken begonnen, aber das abergläubische, aufgehetzte Volk hatte die Drucker zum Teufel gejagt. Erst im 17. Jahrhundert kam der Druck, zunächst freilich ausschließlich in Moskau, wieder auf, aber nur im Dienste des Patriarchen stehend und beschränkt auf die Herstellung von Kirchenbüchern. Klösterliche Stille ruhte so über dem »weißsteinernen« Moskau und seinen »vierzig mal vierzig« Kirchen, über seinem Kreml, dem Zarensitz, aus dessen dunklen Kammern und weihrauchgeschwängerter Luft der junge Zarensohn in die Ungebundenheit der »Sloboda«, des ausländischen »Freidorfes«, flüchtete. Ganz abgeschlossen von der Außenwelt waren die Frauen. Im 17. Jahrhundert gab es in Moskau, sogar unter alten Hofbeamten, nur wenige, die eine Zarin je gesehen hatten; orientalische Starrheit war das Zeichen der Moskauer Periode. Die Hofjournale verzeichneten nur die Anzüge, die der Zar beim Ausreiten auf die Falkenjagd oder bei Staatsaktionen wechselte. Moskau gehörte zwar geographisch zu Europa, blieb ihm aber geistig vollständig fremd, mochte auch materielle Annäherung bereits in die Wege geleitet sein. Es glich — bis aufs kirchliche Bekenntnis — seinem Todfeind, dem Türken.

In dieses zähe, fast unmerklich sich fortbewegende Leben griff der eiserne Wille eines Despoten und Barbaren ein, der alle Kräfte und Mittel rücksichtslos brauchte, um nur sein weit zurückgebliebenes Land dem mächtig vorgeschrittenen Westen anzunähern und einzugliedern. Lebhaft, wissensdurstig, ehrgeizig füllte Peter der Große das erste Viertel des 18. Jahrhunderts mit Kämpfen aus gegen äußere Feinde, Schweden und Türken, und innere, Unwissenheit und Trägheit. Er eroberte sich die Meeresküste, an der er, fern vom Herzen des Landes, sich nach seinem Wunsche die neue Residenz schuf, und drängte ebenso gewaltsam seinen »Bären« europäische Schule und Amtsführung, Heer und Flotte, Tracht und Sitte auf. Er erledigte das Patriarchat, verweltlichte Rußland, zwang den Adel zum Lernen, Reisen und Dienen, trieb die Frauen aus orientalischer Abgeschlossenheit in die Gesellschaft und rief die Fremden, zumal Deutsche aus den baltischen Provinzen wie aus dem Reich, ins Land. Wie einst, 990, die Mütter gejammert hatten, daß man ihnen ihre Söhne zur Unterweisung im neuen Glauben entriß, ebenso fruchtlos klagten jetzt die Anhänger des Alten über den leibhaften Antichrist und sein wüstes Treiben. Trotz aller Reibungen hat Peter mit vollem Erfolg den Wagen des alten Rußland in die neuen europäischen Bahnen gelenkt, mochte auch so manches überstürzt sein und rein äußerlich aufgepfropft bleiben. Ästhetisches war ihm fremd. Sein praktischer Sinn verlangte überall und sofort greifbare Erfolge und begnügte sich daher für die Literatur mit einer außerordentlichen Erweiterung ihres Übersetzungsrahmens, der jetzt auch Wissenschaftliches, Technisches, Politisches umfaßte, sowie mit der Verweltlichung von Schrift und Sprache; die Drucktypen wurden modernisiert und dem Übersetzer statt der veralteten Kirchensprache die Wahl der Umgangssprache empfohlen. Zeitungen und Theater sollten seinen Ruhm verkünden und für seine Ziele Verständnis schaffen, das freilich erst die heranwachsende Generation voll entwickelte, die nicht mehr die furchtbaren Opfer kannte, die die Reform verschlungen hatte.

Peters vorzeitiger Tod unterbrach nicht sein Werk, verlangsamte nur das Tempo der Reformen, und die von vielen heiß ersehnte Wiederherstellung des Alten, d. i. die Rückkehr nach Moskau, blieb aus. So stark war die von ihm gegebene Anregung. Es änderte sich aber das Muster; war unter ihm und den deutschen Regenten deutscher Geist und Einfluß maßgebend gewesen, so wurde unter seiner Tochter Elisabeth wie unter Katharina II. das französische Vorbild herrschend. Das systematische und pedantische, nüchterne und gewissenhafte deutsche Element verblieb zwar weiter in Kaserne, Amt und Schule lebendig, aber in Mode, Gesellschaft und Literatur siegte das Lebhafte und Gefällige, Geistreiche und Oberflächliche französischer Halbbildung.

Wohl ließ sich Geist und Literatur nicht anbefehlen wie Haartracht und Kleiderschnitt, aber die ihren Peter vergötternde Jugend paßte sich langsam auch in geistiger Hinsicht den neuen Verhältnissen an. Volles Verständnis für die Bedeutung seiner Kulturarbeit bewies namentlich der Fischersohn aus dem hohen Norden, den Wissensdurst von Archangelsk nach Moskau und von da nach Deutschland getrieben hatte, Michael Lomonosov (1711—1765), der als Dichter, Natur-, Geschichts- und Sprachforscher allen voranging, vielseitig wie Peter, vorbildlich weniger für die Zeitgenossen, die mit dem Unverträglichen arg zusammenstießen, als für die Nachwelt, die in ihm den Schöpfer des neuen Stiles und Geistes verehrte. Sein Wirken zur Zeit der Elisabeth (1743—1761) war getragen vom stolzen Bewußtsein der machtvollen Rolle des neuen Rußland wie von der tieferen Erwartung, daß dieser neuerstandene Staat seine Abhängigkeit von Europa durch eigene Leistungen bald ablösen würde. Seine Gelegenheitsdichtung, nur ausnahmsweise Reflex persönlicher Stimmung und namentlich der Erbauung an Gottes Wundern in der Natur gewidmet, stimmte ihren Ton auf den Siegesdonner von Poltawa, da Peter seine Lehrmeister, die Schweden, niedergerungen hatte. Übrigens zwang nur die Not der Zeit dem Forscher die Rolle eines Dichters auf. Hart blieb seine Sprache, gewaltsam seine Bilder; unbedeutend waren die deutschen Muster, die er nachahmte (Günthers und Stählins Oden).

Sein lebhaftes Nationalgefühl, seine tiefe Ehrfurcht vor Wissen und Wahrheit wie vor der Allmacht des menschlichen Geistes, das Bewußtsein eigener Verdienste und sein Freimut erhoben ihn hoch über die Umgebung, liehen seinem Auftreten für lange Zeit vorbildlichen Wert; seinen Russen ersetzte er eine ganze Akademie. Wie Peter der Große auf politischem Gebiete war er auf geistigem Felde ein Führer seines Volkes.

Mit Katharina II. (1763—1796) bestieg den Zarenthron nicht nur die aufgeklärte Philosophin, die ehrgeizige Mehrerin des Reiches, die unermüdliche Arbeiterin, die große Lebenskünstlerin, sondern auch die schöngeistige Frau, Mäzenatin, Schriftstellerin und als solche unter den schriftstellernden Kaisern und Königen aller Länder und Zeiten eine der bedeutendsten Gestalten. Wohl wichen ihre humanen Absichten bald vor der rauhen Wirklichkeit zurück; ihre angemaßte Macht stützte sie ja auf den Adel, um dessen Gunst sie auf Kosten der Leibeigenen buhlte, und auf die rege Wachsamkeit des Despoten, der nichts Unabhängiges neben sich duldete. Für ihre Kriege und ihre Liebesaffären erschöpfte sie rücksichtslos die Mittel des Staates, d. h. der Bauern. Das Gespenst der Französischen Revolution ließ sie schließlich Verfolgung von Schrift und Menschen nachdrücklichst einleiten. Französischen Geist bewundernd hat sie doch, anders als Friedrich II., für Sprache und Literatur ihres Landes viel Zeit und Kraft selbst eingesetzt, und während sie ihre Korrespondenten durch französischen Witz blendete, wirkte sie gleichzeitig ungleich tiefer durch ihre russischen Satiren, Komödien, Dramen, Allegorien, wie durch historische und pädagogische Schriften. Sie geißelte in flüchtig hingeworfenen Szenen Rückständigkeit, Heuchelei und Muckertum des alten Rußland, aber ebenso Modenarrheit, Flatterhaftigkeit, Verschwendungssucht des neuen, verspottete Scharlatane und erzog so nicht nur ihre Enkel, sondern auch das große Publikum und öffnete ihm die Augen über die Bedeutung der Bühne und des gedruckten Wortes. Ihrem Vorbild folgend, warfen sich Russen auf alle literarischen Gebiete, nicht mehr als bloße Übersetzer oder blinde Nachahmer. Nur den Roman vernachlässigten sie noch, weil ihn der ästhetische Kanon der Franzosen, ihrer maßgebenden Vorbilder, noch nicht anerkannte. Der pseudoklassische Stil und Geschmack duldete keinerlei Abweichungen von den »Regeln«, von der Poetik des Boileau und dem Kurse des Laharpe.

Auf diesen neuen Bahnen versuchten sich, neben vielen unbedeutenden, einige wirkliche Talente. Der Odendichter Gabriel Deržavin (1743—1816) schuf förmlich eine literarische Bildergalerie der Zarin, ihrer Feldherrn und Staatsmänner; durch seine markige Pinselführung, durch treffende Charakteristik wie gehobene Darstellungsart überholte er Lomonosovs Versuche und brachte poetische Gebilde von einem gewissen Schwung hervor. Doch gelang ihm noch nicht die Überwindung der rauhen Sprache, es störten starke Ungleichheiten, öde Längen, Gewaltsamkeit des Ausdruckes, aber Gedankenflug und Bilderreichtum war ihm nicht abzusprechen. Er zehrte von Katharinas Ruhm; ihr aufrichtiger Bewunderer, erwarb er sich besondern Dank, als er die menschlichen Eigenschaften seiner Herrin nicht im offiziellen Odenpathos, sondern schalkhaft feierte.

Derber Realismus zeichnete Denis Fonvisins (1745—1792) beide Komödien aus. »Der Brigadier« gab ein Petersburger Familienbild, zeigte die Verheerungen der Halbbildung und Modenarrheit in der Jugend mit ihrer Gallomanie und Unmoral; aber ebensowenig wie über diese »Söhne« konnte man sich über die »Väter« erbauen; Beschränktheit war deren geringster Fehler. Das Großstadtbild mit den kleinstädtischen Menschen darin ergänzte die Provinz im »Unmündigen«. Jenes Gemälde der Halbkultur erhielt hier ein Gegenstück in dem Bilde rohester Unkultur. Wiederum stand das Erziehungsproblem im Vordergrund in der lebendigen Darstellung, wie die Mutter ihr Hänslein verzog und wie Hänslein ihr die Affenliebe lohnte; Hohn und Spott dieses urkomischen Genres milderten die Phrasen konventioneller Moralprediger, der Anwälte der Absichten einer hochwohllöblichen, weisen Regierung, die die alte, asiatische Roheit verpönte.

Während so Deržavin auf Huldigungen ausging, nur wie zufällig Wahrhaftes einstreute; während Fonvisin bissigen, aber billigen Spott über Gecken, Idioten und Barbaren ausgoß und sofort verstummte, als seine Satire sozialpolitische Themen zu berühren wagte, hat für lange Zeit nur ein einziger den Mut gehabt, auf Rußlands Eiterbeule hinzuweisen. Seit bald 200 Jahren war hier der Hörige allmählich zu einem recht- und schutzlosen Objekt der Ausbeutung und Willkür, zu einem Leibeigenen seiner Herren herabgesunken. Das Menschenunwürdige dieser Zustände erwies Alexander Radiščev (1749—1802) in seinen »Briefen von einer Reise aus Petersburg nach Moskau« (1790); die einzelnen Stationen dieser »sentimentalen Reise« steuerten immer neue, erschütternde Bilder des Leibeigenenelends bei. Nichts daran war erfunden. Die Namen der betreffenden Gutsherren setzte Katharina selbst an den Zeilenrand des Buches; in einer Vision drängte sich eben Wahrheit durch die Schar der verlogenen Höflinge an ihren Thron. Aber das humanste Buch der älteren Literatur ist erst 1905 für den Druck ganz freigegeben worden; sein Verfasser ist dafür zum Tode verurteilt, dann zu sibirischer Verbannung begnadigt worden. Es war eines der russischen »Mißverständnisse«: Radiščev glaubte noch 1790 an die liberalen Phrasen der »Instruktion«, die Katharina für eine Ständeversammlung von 1767 aus Beccaria und Montesquieu zusammengestoppelt, aber längst wieder abgeschworen hatte.

Sentimental-liberale Neigungen, doch ohne jede gefährlichere Zuspitzung, vertrat in der rationalistischen Aufklärerzeit Nikolaus Karamzin (1765—1826) in Erzählungen aus neuer und alter Zeit und in seinen Reisebriefen aus Europa, wo er die Natur, sowie Gelehrte und Philosophen, nicht mehr Könige und Staatsmänner aufgesucht hatte, einfache Gefühle verherrlichte, in einer Prosa, die sich durch ihren gefälligen Fluß wie durch ihre neuen Wortbildungen von der Starrheit und Steifheit des hergebrachten Ausdruckes aufs vorteilhafteste abhob. Er war der erste russische Schriftsteller, der seine Leserinnen zu Tränen rührte; im Herzen, wie

Katharina selbst, ein Republikaner, was ihn jedoch nicht hinderte, sich zur Autokratie offen zu bekennen und diese schon im alten Rußland ausfindig zu machen, dessen Geschichte der spätere Historiograph in monumentalem, livianischem Stil darstellte (1816), eine Leistung, mit der er seinen ersten großen literarischen Erfolg erzielte.

So ging das Jahrhundert zu Ende unter despotischem Druck, der sich durch Paul (1796—1801) zur Unerträglichkeit steigerte. Die Literatur hatte ihre Kinderschuhe nicht ausgetreten. Sie blieb bewußte Nachahmerin der veralteten deutschen — ohne deren neue Entwicklung seit Lessing zu kennen —, dann der französischen, zumal Voltaires; russisch war an ihr nur die Sprache, roheste Anpassung an heimische Verhältnisse, Vergröberung des Originals. Sie half das Eis brechen, beschleunigte das Einströmen europäischer Ideen, predigte zum erstenmal öffentlich Menschenwürdiges, sprach von Ehre, verherrlichte Tugenden und verspottete Fehler und Laster. Ihre Vertreter entstammten nur Schichten, die Peters Reformwerk aufgewühlt hatte, Bauern, Landgeistlichen, kleinem Dienstadel; selten ließ sich jemand aus der Gesellschaft zu ihnen herab, der Erotik oder Satire zu huldigen oder Talentlosigkeit bloßzustellen. Noch beanspruchte die Literatur keinerlei Bedeutung, obwohl sie bereits, seit 1790, schweren Verfolgungen ausgesetzt war; Pauls Wüten schlug jedem anständigen Literaten die Feder aus der Hand, verbannte jedes freiere Wort. Noch hielt diese Literatur keinerlei Vergleiche aus; noch fehlte ihr das große Talent; Dichter-Handwerker gab es fast nur unter Beamten, die ihre Muße dafür verwandten und diese Zeitvergeudung entschuldigten. Durch diese Schriftstellerei entfremdete man sich noch mehr dem Volke. Das Jahrhundert hatte ja eine tiefe Kluft aufgerissen: einer dünnen Schicht Gebildeter standen kulturlose Bauern, Geistliche, Kaufleute gegenüber; die einstige, allerdings barbarische Einheitlichkeit der Nation war gesprengt. Man verstand sich nicht mehr gegenseitig; die Gebildeten beherrschten mitunter nicht einmal die eigene Sprache, lebten geistig in der Fremde und von ihr. Wie im 17. Jahrhundert das Schisma, der Raskol, die Verehrer alles Avitischen von den gleichgültigeren, der Autorität von Staat und Kirche blind folgenden Massen abgesondert hatte, so entfernte eine neue, diesmal kulturelle Spaltung die Gebildeten von der Nation, die in ihrer Barbarei verharrte, während jene, Kosmopoliten oder Französlinge, mit der Barbarei auch das Russentum preisgaben. Und schon regte sich ein erster Protest gegen alles Fremde, der vor der einreißenden Verderbnis auf die traditionelle, patriarchalische Einfachheit von Sitten und Leben zurückwies. Vorläufig jedoch gab das moderne, fremde Petersburg den Ton an; Moskau zog sich schmollend zurück, ohne doch Opposition zu wagen. Petersburg blieb Sitz von Hof und Zentralbehörden, Moskau hatte dafür eine Universität und wahrte sich eine Autonomie in Geist und Geschmack; aber noch waren die Kräfte einigermaßen gleich verteilt, und es fehlte die Zuspitzung jeglichen Gegensatzes. Der Druck unter Paul lähmte jede Regung hüben wie drüben.

Der Erfolg des Jahrhunderts war ein gewaltiger; Peters Reformwerk hatte sich nicht als Eingebung einer Despotenlaune verflüchtigt, sondern tiefe Wurzeln geschlagen. Allerdings wandte sich der neue Staat nur äußeren Aufgaben zu; so fielen unter Katharina II. die russischen Gebiete, das Erbteil der Ruriksöhne und ihres Kiew, von Polen an Rußland zurück und hörte das Schwarze Meer auf, türkische Binnensee zu sein. Aber für Kultur und Bildung ward nur privatim, in den höheren Schichten, gesorgt. Das leibeigene Volk sollte beides entbehren; es verharrte bei seinen alten, mystischen Idealen, wovon sich die Gesellschaft losgesagt hatte; namentlich emanzipierte sich die Frauenwelt, mit einzelnen hervorragenden Persönlichkeiten an ihrer Spitze. Europas geistige Völkerfamilie war jedenfalls um ein neues Glied bereichert, mochte auch dieses vorläufig nicht selbständig funktionieren. Neuen Fortschritt brachte erst eine Palastrevolution zuwege, die noch ganz im asiatischen Stil gehalten war.

Zweites Kapitel.

Rußlands Liberalisierung unter Alexander I.

Puškin und Gribojedov.

Zu echt russischer Überraschung bestieg den Thron des Tyrannen der Zögling des Schweizer Republikaners, mit humansten und liberalsten Vorsätzen, die freilich, genau wie bei der Großmutter, der der Enkel in allem nachzustreben gelobte, ins Gegenteil umschlagen sollten. Das kulturelle und konstitutionelle Reformwerk geriet sofort ins Stocken, als Alexander I. seinen deutschen Verwandten zuliebe den Kampf mit Napoleon unnütz heraufbeschwor und darauf alle Kraft und Zeit vergeudete. Der Krieg löste vorübergehende nationale Begeisterung aus; dauernder wirkte er sich aus in zwei ganz unvorgesehenen Richtungen. Einmal erkannte der in seinem Gewissen stets wegen des Mordes an seinem Vater beunruhigte Zar in den Katastrophen von 1812 und 1813 das deutliche Walten der Vorsehung, eine besondere göttliche Mission für sich; in immer dichterer mystischer Aura überließ er die Regierung den Händen zuverlässiger Schergen aus Pauls Schule, mönchischen Fanatikern und Obskuranten. Andererseits beruhigte sich das einmal erwachte Bewußtsein der Gesellschaft nicht so schnell wieder: die Offiziere, die 1812—1815 Europa und Rußlands Rückständigkeit aus eigenster Anschauung vergleichen lernten, erörterten und verlangten in Geheimbünden, die schließlich im Putsch vom 12. Dezember 1825 losschlugen, eine immer radikalere Umgestaltung ihres Vaterlandes.

Während dieses Vierteljahrhunderts machte die Europäisierung Rußlands bedeutende Fortschritte, nicht ohne nachhaltige Mitwirkung der Literatur, die jetzt endlich die ihr gebührende Bedeutung gewann, zumal durch ihre jüngeren Vertreter. Denn die älteren, noch unter Katharina geboren, erzogen, ja tätig, setzten die Oden, die Anakreontik, die Lehrhaftigkeit des 18. Jahrhunderts fort; nur waren die Talente größer, die Form vollendeter, der Inhalt tiefer. Gewiß, man ahmte noch immer die Fremden nach, Ivan Krylov (1768—1844) die Fabeln des Lafontaine; Wasil Žukovskij (1783—1852) sentimentale Deutsche; Konstantin Batjuškov (1788—1855) die galante Lyrik der Franzosen und Italiener. Aber schon atmeten Krylovs Fabeln echt russischen Geist; ihre Sprache, trotz mancher konventionellen Floskeln, war von solch naturwüchsiger Saftigkeit und Plastik, so volkstümlich, daß sich keinerlei Gedanken mehr an fremde Muster aufdrängten; es war dies die erste klassische, d. h. vollendete Leistung, mag sie auch, obwohl nicht für Kinder bestimmt, schließlich in deren Welt abgewandert sein. Bei Žukovskij war die sentimentale Lyrik einer »schönen Seele« keine Tändelei wie im 18. Jahrhundert, sondern der notwendige Ausdruck tiefsten Empfindens, stiller Ergebenheit hienieden und steter Sehnsucht himmelwärts, die dem humanen Erzieher Alexanders II. durch Anlage wie Lebensschicksale eigneten; bleibenderes Verdienst erwarb er sich durch gediegene Übertragungen fremder Meisterwerke, von der Odyssee an bis zu Schiller und Byron, den heimischen Gesichtskreis außerordentlich erweiternd, den Vers vervollkommnend. Bátjuškov wußte erotischen Nichtigkeiten einen antiken Hauch durch Grazie der Form und Sinnlichkeit des Ausdruckes einzuflößen, doch Geisteskrankheit unterbrach bedeutenderen Aufstieg jäh und für immer. In der Schule von Žukovskij und Bátjuškov ist nun Púškin erzogen worden.

Mit Dichterlorbeer bekränzten die Musen erst diesen Vertreter der jüngeren Generation, Alexander Puškin (1799—1837), ihren Liebling und sein allbezwingendes Talent. Ein Frühreifer, wie so oft unter Russen, von genialer Kraft und großem Fleiß, unermüdlich im Feilen seiner Lyrik, sich freier in seiner Epik ergehend, hat er als glücklicher Nachahmer der Franzosen begonnen, um alsbald zu Byron und der Romantik hinüberzuwechseln. Mochte ihm auch Žukovskij in der Übertragung von Balladen zuvorgekommen sein, so bürgerte doch er erst die Romantik ein, die ja an sich mit Rittern und Gotik, mit Frauendienst und höfischem Wesen, mit mondbeglänzter Zauberpracht und mittelalterlicher Mystik den Russen ebenso fremd war wie die gepuderte und geschminkte Dichtung des Versailler Hofes. So mußte sich der angehende Romantiker seine Stoffe nicht in Rußland, sondern in der Fremde zusammensuchen: im wilden Kaukasus, in der tatarischen Krim, unter moldauischen Zigeunern, unter poetischen Räubern, aber schließlich ließ ihn der realistische Sinn des Moskauers Stoffe alltäglichen Lebens, der nächsten Umgebung, zu Perlen der Poesie umschaffen: namentlich in seinem Lieblingsbuch, in dem ersten russischen Roman in Versen — schnöder Prosa mißtraute er noch — von »Onjegin«, in dieser höchst einfachen Liebesgeschichte eines naiven, aufrichtigen Mädchens in der Provinz und eines blasierten Gecken aus Petersburg, der seiner Tanja erst dann zu Füßen fällt, als die von ihm Verschmähte die stolze und treue Gattin eines Ungeliebten geworden ist. Auf die einleitenden, satirisch getönten Kapitel lauschte das Publikum mit seinen ihm tief im Blute liegenden oppositionellen Gelüsten in gespanntester Aufmerksamkeit, um von der Fortsetzung, je wahrhafter und inniger sie wurde, desto enttäuschter sich abzuwenden; so wenig war der Geschmack noch entwickelt. Der Dichter selbst versuchte sich ja in allen Stoffen und Formen; er griff auch in die Vergangenheit zurück, zumal als die Gegenwart sich immer schwieriger anließ. Nach Art der Shakespearischen Königschroniken schuf er die losen Szenen seines »Boris Godunov«, das Schlußkapitel aus dem Leben des tatarischen Stallmeisters und Zaren, in Versen von andächtigster Stimmung und Prosa von derber Realistik; sonst dichtete er dramatische Einzelszenen von außerordentlicher psychologischer Vertiefung. Die zentrale Gestalt der Geschichte, Peter, zog ihn mächtig an, aber er traute sich an sie nur episodisch heran, sowohl in der Erzählung von seiner Schlacht (»Poltawa«) wie von seinem Falconetschen Bildnis (»Der eherne Reiter«), offen ganz bewundernd, insgeheim stark kritisierend. Über dies alles erheben sich hoch seine lyrischen Gedichte, die aufrichtige, innige Beichte aller Stimmungen und Verstimmungen, Erwartungen und Enttäuschungen, Auseinandersetzungen mit Freund und Feind, mit Gott und der Welt, mit des Lebens Last und Lust, von unvergänglich und unvergleichlich schöner Form, klassische Zeugnisse seines vornehmen und humanen Empfindens und Denkens. Dazu kamen von prosaischen Versuchen die historische Novelle »Die Hauptmannstochter«, nüchtern gehalten, wie mit Wasserfarben gemalt, mit effektvollen Szenen aus dem Aufstande des Pugačov 1772, ferner eine (wie die meisten Prosastücke unvollendete) Dorfchronik von erstaunlich realistischer Kraft, ländliches Elend leicht, aber deutlich streifend; endlich jene von der Zensur unterdrückte Versnovelle vom »Ehernen Reiter« mit ihrer Verherrlichung Petersburgs gegen den Angriff des polnischen Dichters bis zur Schilderung der Seelenqualen eines Opfers dieses Petersburg, eines kleinen Beamten, dem die Überschwemmung von 1824 seine Liebsten und den Verstand raubte.

Neben dem Lyriker und Epiker, Dramatiker und Novellisten maß sich der Satiriker und Epigrammatiker in scharfem, schonungslosem Witz mit seinen Gegnern. In seiner Jugend hatte er, dem liberalen, oppositionellen Zug der Zeit folgend, vor nichts und niemand haltgemacht, hatte gelästert und gehöhnt, und diese Ausfälle, in ganz Rußland verbreitet, hatten ihn zu einem heldischen Anwalt der Freiheit für das große Publikum gemacht, das von ihm weitere geistige Führung erwartete und verlangte. Aber tief erschütterte ihn das Schicksal seiner Freunde, der gehenkten oder nach Sibirien verbannten Dekabristen; seine liberale Hitze kühlte sich ab und der Aristokrat und Christ söhnte sich langsam aus mit der Despotie Nikolaus I., mochte er auch am eigenen Leib, zumal an seinen Versen, den lästigen Druck einer unerbittlichen Bevormundung und Gedankenschnüffelei tief empfinden und sich in seinen Bewegungen als Dichter und Mensch auf Schritt und Tritt beengt sehen. Er war ja in einer freieren Epoche groß geworden, und es lebte sich ihm schwer in der Kaserne Nikolaus I.; innerlich zehrte an ihm, was er nicht verlautbaren ließ, und seine Satire traf später fast nur noch literarische Gegner. Merklich wandte sich nun von ihm die Gunst des älteren Publikums ab, das ihn förmlich des Abfalls von seinen einstigen Idealen verdächtigte; die Jugend vergötterte ihn weiter, und sein vorzeitiger, gewaltsamer Tod söhnte alle mit dem einstigen Liebling wieder aus. Auch später schwankte das Urteil über ihn: beschränkte utilitaristische Kritik konnte dem Klassiker seine angebliche Ideenlosigkeit, den Mangel sozialen Empfindens, Gleichgültigkeit gegen das Los der Massen nicht verzeihen und kühlte ihr Mütchen an dem Ästheten und Aristokraten; es fehlte auch nicht an Überschwenglichkeit, die in ihm den Alldichter und Allmenschen, der alle Gegensätze auflöse, synthesiere, feiern wollte. Das Urteil über den gottbegnadeten Künstler und edlen Menschen steht fest, ohne daß man ihm einen außerordentlichen Reichtum ungewöhnlicher Ideen und Vorzüge zuschreibt. Der große Dichter hat die Literatur in den Vordergrund des allgemeinen Interesses zu rücken gewußt, den Zaren selbst zu ihrer Anerkennung gezwungen. Unter seiner Feder erreichte der Vers ungeahnte Pracht trotz aller Schlichtheit der Form. Nie verließ ihn sein sicheres ästhetisches Urteil; geistreich, vielseitig, gelehrig, verpflichtete er sich auf die Dauer keinem fremden Einfluß, als dessen Echo seine Dichtung so oft erschien. Wohl war sein Schaffen noch kein nationales, aber seine machtvolle Persönlichkeit brach sich durch alle Nachahmerei Bahn, und er als erster traf es, auch das Einfachste, Nächste poetisch zu verklären und so dem Realismus die Wege zu weisen. Widrige Umstände des persönlichen wie des öffentlichen Lebens mögen die vollste Entfaltung seines Talentes hie und da gehemmt haben; trotzdem hat er, wie sein großer Zeitgenosse, Freund und Gegner, der Pole Mickiewicz, seiner Literatur die Wege zum Höchsten gebahnt, hat sie aus einer Spielerei zu einer Lebensaufgabe gemacht, hat edlen Gedanken unvergleichlich schöne Form geliehen. Sein Talent, nicht die Stoffe noch die Ideen, hatte bewiesen, daß Rußland seine eigenen Wege gehen konnte, die Nachahmerei überwunden hatte und der Welt bald ein eigenes Wort künden sollte. Und Freund und Feind (seine unabhängige Gesinnung hatte ihm viele verschafft) blickten auf ihn mit froher Erwartung oder scheeler Mißgunst; die Regierung überwachte ihn mit offenem Mißtrauen und heimlichem Groll, fühlte sie doch das Erwachen einer Richtung, die sich ihrer Kontrolle und Bevormundung entzog, sich Unabhängigkeit von Urteil und Gefühl sicherte und früher oder später zu ihr in scharfen Gegensatz treten mußte. An der Schwelle dieser neuen Periode geistigen Schaffens erhob sich die lichte Gestalt des ersten freien Zöglings der Musen, des Verkünders einer schöneren, höheren Welt, des Bezwingers der Herzen, des Meisters der Formen.

Mit Puškins »Onjegin« wetteiferte in Gunst und Aufmerksamkeit des Publikums die Komödie »Wehe dem Verstande« von Alexander Gribojedov (1795—1829), dem Schöpfer dieses einen und einzigen Werkes. In der Gesellschaft erfreute sich Theaterspielerei, im Grunde über französische Vaudevilles und Kotzebue nicht hinausreichend, außerordentlicher Beliebtheit; sie verschlang auch die Mußestunden des Patrioten und Beamten, der im diplomatischen Dienst, in Persien, vorzeitig sein ehrgeiziges Leben lassen sollte. Aus dieser Liebhaberei ging jene dramatische Satire hervor, die in ihrem Vers, in ihrer Einheit von Zeit, Raum, Handlung sowie in manchen Einzelheiten französische Vorbilder nicht verleugnete. Satirische Dramen hatten bisher nur die kleinen Diebe gehängt, den großen gingen sie sorgsamst aus dem Wege; an diese wagte sich der Moskauer heran. Die Eindrücke seiner Jugend, Bilder seiner Verwandten und Bekannten verkörperte er mit rücksichtsloser Schärfe. Das alte Moskau der guten Gesellschaft, die Stellen- und Profitjäger in Würden und Ehren, ihre Kriecherei und Günstlingswirtschaft, die Gamaschenknöpfe, die Verächter von Geist, Wissen und Gesinnung, die Heroen der Leibeigenschaft, sogar die nur in Worten und Phrasen sich berauschende, sonst leichtsinnige und oberflächliche, unzuverlässige Jugend durchhechelte sein Held, Čackij, der nach mehrjähriger Abwesenheit, durch Liebe zu seiner Kusine nach Moskau zurückgetrieben, das vorsintflutliche unverändert wiederfand und, persönlich schwer enttäuscht, ihm schonungslos die Wahrheit sagte, um dafür als Verrückter verschrien zu werden. Diese bittere Kritik, die Sprache, zum ersten Male die des Alltages, der scharfe Witz, die geflügelten Worte liehen der Komödie unvergänglichen Reiz, aber sie war mehr, sie war eine politische Tat, wie die des Beaumarchais; sie atmete neuen Geist. Der Dekabrist (nur Glück und Geschick ließen Gribojedov seinen Kopf aus den Schlingen von Verhören und Arresten herausziehen) war Anwalt des Volkes, grollte seiner Sklaverei, der Entnationalisierung der Gesellschaft, ihrer Verehrung alles Fremden und Verachtung alles Traditionellen, Eigenen; der Moskauer in ihm trat ungleich stärker als bei Puškin hervor. So kündete sich schon die Umkehr zum Nationalismus an, aber im Grunde fühlten sich der Dichter und sein Held noch ganz vereinsamt, suchten ringsum vergebens nach Verständnis und Mitgefühl, mußten sich an der ehernen Mauer von Vorurteilen, Aberglauben, Niedrigkeit der Gesinnung, Öde der Köpfe ihren Schädel einrennen oder zu Vorläufern der späteren »überflüssigen«, zu Unfruchtbarkeit verurteilten Menschen werden. Natürlich durfte die Komödie, in tausend Abschriften verbreitet, jahrzehntelang vollständig weder aufgeführt noch gedruckt werden; ihr Text schwankt noch heute.

Puškin und Gribojédov waren Führer eines Reigens, der sich noch immer im Verse vornehmlich betätigte, Volksweisen, philosophische Lyrik, auch mit stark pessimistischen Klängen den Sang von Wein und Liebe sowie Episches à la Byron pflegte. Der Kampf verschiedener literarischer Richtungen, zwischen Anhängern des alten und neuen Stiles, zwischen Klassik und Romantik war ja bald und leicht entschieden. Zwar hatten die Napoleonischen Kriege die Aufmerksamkeit des Publikums jeglicher Literatur entzogen, aber desto lebhafter war diese nach 1815 erwacht. Die Jugend der besten Kreise, Fürsten- und Bojarensöhne, wandten sich jetzt der Schriftstellerei zu, von der alter Makel der Lobhudelei und Schönfärberei, der Abhängigkeit von Hof und Koterien schon wegen der ungesicherten materiellen Lage schwand, als das große Publikum Anerkennung und Lohn zu erteilen begann. Es gab Zeitschriften und Almanache und in ihnen literarische Kritik, mochten auch die theoretischen Auseinandersetzungen über das Wesen der Romantik sich nicht durch Bestimmtheit auszeichnen. Die Gespreiztheit der alten Dichtung, die Unnatur des Inhaltes und Schwerfälligkeit des Ausdruckes wichen modernem Stoff und moderner Sprache. Der Zusammenhang mit europäischem Wissen, Denken und Leben war außerordentlich erstarkt, und bald verlangte die Jugend Freiheit von Gedanken und Gewissen, von Schrift und Wort, konstitutionelle Garantien, Hebung der Gerechtigkeitspflege wie des Unterrichtes; Lösung der unheilschwangeren Leibeigenenfrage; alles dies, sowie Fragen der Verwaltung (Autonomie, Föderation, Dezentralisierung) und Nationalökonomie (Steuern!) wurden nicht nur in geheimen Zusammenkünften lebhaft erörtert. Allerdings verstärkte sich langsam wieder der Druck der Reaktion und ihrer Zensur, die Kontrolle von Universitäten und Literatur. Es erfolgte die Aufhebung aller Freimaurerlogen, der Bibelgesellschaft, der Lankasterschen Schulen. Die Obskuranten gewannen Oberwasser. Trotzdem blieb der Grundton der Alexandrinischen Zeit ein liberaler, zuversichtlicher, optimistischer. Aus ihren Schriftstellern stammten die Dekabristen; gehenkt wurde der Bürger-Dichter Rylejev, nach Sibirien gingen der Kritiker Bestužev und der Mystiker Fürst Odojevskij. Und der Dekabristen wegen, die sich in Petersburg sammelten, blieb Petersburg Sieger in dem Wettkampf mit Moskau, durch seine neue Universität, seine ersten literarischen Salons, seine Geheimbünde, während Moskau auf den Lorbeeren von 1812 ausruhte und sich den Schlaf nicht aus den Augen rieb. Eine scharfe Wendung stand jedoch unmittelbar bevor, die das Zünglein der Wage zu Moskaus Gunsten ausschlagen ließ.

Drittes Kapitel.

Geisteskämpfe unter Nikolaus I.

Gogol.

Auf den »Engel der Menschheit« war ihr »Profoß« gefolgt, der auf den Dekabristenputsch hin dreißig Jahre (1825—1855) lang jedes geistige Leben niederhielt, Universitäten und Literatur knebelte, dem beschränkten Untertanenverstand Wege und Ziele wies, Leben zu Kasernendienst umschuf und hinter der Fassade von Zucht und Ordnung, mit dem kurz geschorenen Haar, der sorgfältig zugeknöpften Uniform, den ungezählten Gendarmen, Zensoren und Polizisten Schlendrian und Willkür, Bestechlichkeit und Roheit ungehindert walten ließ. Der Zar verkörperte die Legitimität, d. i. den weißen Terror; er schlug den Aufstand der Polen wie der Ungarn nieder, zog seinem Rußland den Haß aller Anständigen zu und brachte es in den Verruf des Büttels gegen Humanität und Fortschritt. Daheim hatte die drakonische Verfolgung der Dekabristen wie jeder neu auftauchenden Geheimbündelei die Gemüter verängstigt und niedergeschlagen; die verschüchterte Gesellschaft wagte sogar in ihren Spitzen höchstens durch Fernbleiben von der Regierung zu frondieren. Die unter Alexander noch planlos, mehr zufällig dreinschlagende Reaktion arbeitete jetzt ein festumrissenes Programm aus: ein Zar, ein Gott, ein Volk auf dem Granitsockel der Leibeigenschaft, d. h. Autokratie, Orthodoxie, Nationalismus und Sklaverei. Über den Leib wachten die Polizeien, über den Geist die Zensoren, und wehe ihnen, wenn sie sich überrumpeln und einem freieren Worte den Weg in die Öffentlichkeit ließen! Obwohl nun in dem unter der strengsten Fuchtel gehaltenen Rußland niemand sich auch nur zu rühren träumte, flößte doch das Revolutionsjahr 1848 der Regierung panischen

Schrecken ein; die abenteuerlichsten Pläne einer ständigen Überwachung aller, sogar der Ammen, und einer völligen Unterdrückung von Wissen und Denken jagten einander, bis der Fall von Sebastopol die Brüchigkeit des ganzen Systems aufdeckte, das nicht einmal die Reichsgrenzen zu sichern gewußt hatte. Der Schwund des militärischen Nimbus schlug dem Selbstgefühl des Autokraten die tödliche Wunde, das Grabgeläute Nikolaus I. galt auch seinem System.

Blieb auch das geistige Leben der Nation durch drei Jahrzehnte unterbunden, so konnte es doch nicht ganz unterdrückt werden und fand gerade in Moskau sachgemäße Pflege. Petersburg schied aus; allzu unmittelbar lastete auf ihm der Druck von Hof, Zentralbehörden, Polizeien. Hier fanden sich nur die Publizisten zusammen, die die Weisheit und Fürsorge der Regierung anstaunend — direktes Lob war wie Tadel verboten — in Servilität ersterbend die öffentliche Meinung fälschten. In Moskau atmete man freier; man gewöhnte sich an Zusammenkünfte, förmliche Debattierklubs, in denen theoretischer Streit mit allen Mitteln der Dialektik ausgefochten wurde. Das Rüstzeug lieferte die deutsche Philosophie, weniger Fichte, mehr Schelling und Hegel. Man suchte Rußlands Mission zu ergründen, sollte doch die neue Weltmacht irgendeine neue Idee verkörpern. So bildete sich die Slawophilie aus, die streng nationalistisch orientiert, aus der Not eine Tugend machte, um sich mit der unerquicklichen Wirklichkeit aussöhnen zu können. Sie ging von ihrem religiösen Glauben aus als von dem deutlichsten Gegensatz zum Westen und dichtete ihm alle die Vorzüge an, die sie im Protestantismus, namentlich aber im Katholizismus vermißte: tiefen, mystischen Glauben gegenüber dem forschenden Verstand, Liebe, Demut, Brüderlichkeit (Konzilien gegenüber dem Papat); Mangel aller Machtgelüste, völliges Zurücktreten vor dem Staate in allem Irdischen, Gewissensfreiheit und strenge Absonderung alles Geistigen vom Weltlichen. In Politik tröstete man sich mit der Fiktion einer russischen inneren Wahrheit und Freiheit gegenüber der europäischen äußeren mit ihrem Feilschen in Konstitutionen und

Parlamenten; man überließ der Regierung, den hierzu im Jahre 863 aus Schweden freiwillig herbeigerufenen Ruriks, die Verantwortung aller Schritte und wahrte sich nur das Recht des Rates, der Meinungsäußerung. Für alle sozialen Schäden glaubte man an das Allheilmittel des »Mir« des Bauern und der Artel des Handwerkers, d. i. des Gemeinbesitzes am Grund und Boden, durch deren regelmäßige Neuaufteilung kein landloses Proletariat aufkommen sollte, sowie des Genossenschaftswesens auf Grund gleicher Leistungen und gleichen Verdienstes. Wohl bestritt man nicht Europas Kultur, aber schränkte sie auf Materielles ein und pries dafür heimische Armut und Demut. Man behauptete kühnlich, ohne sich um historische Zeugnisse zu kümmern, eine einstige hohe Moral, deren natürliche Entwicklung durch das Reformwerk Peters jäh unterbrochen worden wäre, und verklagte die ganze Petersburger Epoche als willkürliche Entfremdung von nationalen Bahnen und Idealen. Darum ließ die Regierung die Slawophilen trotz Orthodoxie und Abkehr von dem »faulen Westen« und seinem Fortschritt nie zu Worte kommen; schien doch das einseitige Herauskehren nationaler Momente ihre eigene Grundlage anzutasten. Erst unter Alexander II. durfte sich »slawophile« Ideologie in die Öffentlichkeit wagen.

Sie war entstanden aus romantischer Flucht in die eigene Vergangenheit und reaktionärem Protest gegen den Zeitgeist, aus deutscher Philosophie und russischem Nationalgefühl, aus starker Religiosität und phantastischem Glauben an den Mužik (Bauer, 90 % der Bevölkerung im »Bauernreich«) und seine fabelhaften Eigenschaften, aus Willkür in der Auswahl und Deutung von Tatsachen. Sie pries passive Tugenden, wie sie dem Oriente zukommen; sie verwahrte sich gegen Eingreifen in Staat, Politik, Leben, und nur ein starker menschlicher Zug, das Eintreten für die Freiheit des verfolgten Geistes und Wortes sowie für die Emanzipation der Frau und des Bauern, könnten mit ihr aussöhnen. Ihre ersten Bekenner waren hochgebildete Kulturmenschen; bei den späteren verschärften sich die Züge religiöser und nationaler Unduldsamkeit, zu zelotischem

Patriotismus. Auch entwickelte sich Slawophilie teilweise zu Panslawismus, den Slowaken ausgeheckt hatten, nur sollten sich alle slawischen Flüsse ins russische Meer ergießen. Man gedachte ja der unter österreichischem und türkischem Joch schmachtenden »Brüder«, zumal der glaubenseinen und von europäischer Kultur noch weniger beleckten des Balkans, wie der »Russen« (Ruthenen) Galiziens (Österreichs). Von den »lateinischen« Slawen, namentlich von den Polen, wollte man nichts wissen; eher fanden noch Gnade die Böhmen wegen Hus' und wegen der urslawischen Gesinnung der »böhmischen Brüder« des 16. und 17. Jahrhunderts. Rußland, als die einzige slawische Vormacht, sollte sie gegen Österreich und die Türken schützen mit der Hagia Sophia als Mittelpunkt einer künftigen slawischen Föderation: Gedanken, die Nikolaus I. schon als Legitimist verabscheuen mußte, die erst unter Alexander II. (Türkenkrieg 1877!) offen verkündet wurden.

»Nach Hause zurück« war die Losung der Slawophilen, die Moskau anerkannten, aber Petersburg haßten, nach den fabelhaften Zeiten eines Zar Aleksej (des Vaters von Peter dem Großen) sich zurücksehnten, alte Haartracht und Nationalkostüm anlegten, was die Polizei natürlich verbot, und nur Spott für diese Donquichotterien ernteten. Sie ließen sich nicht beirren, und der Erfolg hat ihnen recht gegeben. Zertreten ist das Deutschtum der Ostseeprovinzen, das der Slawophile Samarin einst so heftig angegriffen hatte; entthront ist Petersburg; verschwunden sind Österreich und die Türkei; auf ihren und Ungarns Trümmern sind Böhmen-Slowakei, Südslawien, Bulgarien entstanden. Allerdings liegt Rußland selbst in Scherben, und von einem Zusammenschluß der Slawen unter russischer Ägide kann niemals mehr die Rede sein. In der schönen Literatur könnten die Slawophilen Dostojevskij für sich in Anspruch nehmen, der als »Tagesschriftsteller« ihre Ideale (Konstantinopel!) nachdrücklicher vertrat; in patriotischer Lyrik hat ihr Theologe Chomjakov starke Töne gefunden, mit scharfen Anklagen russischen »Unrechtes«.

Ungleich weniger kompliziert und widerspruchsvoll (dachten doch die Slawophilen gar nicht daran, die Weltmacht, die nur durch die Abkehr von den altrussischen Idealen unter Peter und Katharina erworben war, aufzugeben!) war der Glauben ihrer Gegner, der »Europäer«, »Westler«, Liberalen. Ist an Rußlands Mißständen der Europäismus schuld, so ist einziges Heilmittel dagegen — noch mehr Europäismus; das Reformwerk Peters ist eben nicht zu Ende geführt, Rußland ist Europa nicht eingegliedert, daher ist unerläßlich seine weitere Ausgestaltung in liberalem, ja konstitutionellem Sinne. Der als Panazee gepriesene Mir galt den Westlern mit Recht nur als Rückständigkeit; in Religion waren sie gleichgültig, skeptisch oder offen atheistisch; die vielgepriesenen russischen »Tugenden«, namentlich das Smirenje (demütige Ergebung ins Los) hatten in ihren Augen höchst zweifelhaften Wert. Ihre Losung war: erst Menschen, dann Russen. Sie beklagten das Fehlen eines Mittelstandes, begrüßten jeden Schritt zur Industrialisierung Rußlands, so die erste Eisenbahn, erhofften alles von Fortschritt, Bildung, Schule und der Emanzipation des Bauern, der ungleich erfolgreicher schaffen würde, wenn er der Früchte seiner Mühen sicher wäre. Ihre vorsichtig geäußerten Prinzipien fanden bei der Regierung gewisse Billigung; zu ihren überzeugtesten Vertretern gehörten Bjelinskij und Turgenev.

Anders war es mit den Sozialisten. Französische Utopien eines Saint Simon oder Fourier waren den Russen geläufig; denn mochten Auslandsreisen noch so erschwert sein, Bücher und Zeitungen drangen vor 1848 ungehindert durch und zündeten unter der Jugend. Diese lebte äußerlich in Petersburg, in den Ämtern, weil ja alles diente, geistig in Paris, natürlich nicht in dem von Louis Philippe, sondern in dem der Republik, Revolution und Emigration. Offenes Bekenntnis war ausgeschlossen; wer es wagte, mußte zuvor das Land verlassen, so Michael Bakúnin (1814—1876), der Exartillerieoffizier, der Bjelinskij wie Proudhon in Hegel einführte, schon 1842 den Anarchismus vorbereitete (»die Lust der Zerstörung ist zugleich eine schaffende Lust«), zum offenen Pandestruktionismus überging, freilich mehr theoretisch als praktisch wirkte, ein Mann, dessen kollektivistische Utopien heute nicht nur in Moskau verkörpert werden. Ihm folgte, literarisch unendlich fruchtbarer und bedeutender, aus denselben Moskauer Konventikeln hervorgegangen, Alexander Herzen (1812—1870), dessen deutscher Name den russischen Aristokraten verbirgt. Herzen, der geistreichste aller Russen und trotz seiner Gallizismen ihr glänzendster Stilist, der tiefsinnige Philosoph-Publizist, durch seinen Freund, den Dichter Ogarióv, wie durch Bakúnin zeitweise Anarchist, hat von London aus in seinen Memoiren das Nikolaitische System gebrandmarkt und durch seine Sturm-»Glocke« später Rußland revolutionieren geholfen. In seinem Aristokratismus und Ästhetizismus erinnert er an Lassalle, jedoch entschied er sich schließlich für Evolution statt Revolution und bekannte zuletzt einen fast slawophilen Glauben an Rußlands Art und Mission.

Er hatte als Belletrist begonnen und in seinem Roman (»Wer ist schuld?«) von dem glänzend veranlagten, gebildeten und tätigen, aber in der »Unzeit« zur Unfruchtbarkeit verurteilten Beltov sich selbst und andere »überflüssige« Menschen gezeichnet. Als ihm jedoch das Schreiben und Leben im Nikolaitischen Rußland unmöglich ward, wanderte er aus. Nur ging sein fester Glaube an Europa und den Liberalismus 1848 in die Brüche. Tiefer Pessimismus ließ ihn vor der Reaktion die Segel streichen, sich auf sich selbst und seine Erinnerungen zurückziehen, und aus dieser Einkehr und Sammlung erstand das glänzendste Memoirenwerk aller Zeiten, »Gewesenes und Gedachtes«, gleich ausgezeichnet durch Geist und Witz wie durch Tiefe und Innigkeit des Gefühls. Die neue Ära rief ihn 1856 auf den Kampfplan und stellte ihn in die vorderste Reihe der Kämpfer, bis ihn eine neue Wendung um Autorität und Einfluß brachte, ihn zu stiller Gedankenarbeit und zur Überprüfung seiner Anschauungen verurteilte. Seine unendlich anregenden Werke waren in Rußland bis ins 20. Jahrhundert hinein so gut wie unbekannt, weil streng verboten; Rußlands Bildung ist dadurch schwer geschädigt worden.

Trotz Polizei und Gendarmen bildeten sich überall Debattierklubs, die freilich für revolutionäre Taten nicht einmal den Boden vorbereiteten, sich in theoretischen Diskussionen und Anklagen der Mißbräuche erschöpften oder höchstens an eine heimliche, freie Druckerei dachten. So die Petraševcen, die, 1849 entdeckt, mit einer solchen Grausamkeit verfolgt wurden, daß sie sogar im Nikolaitischen Rußland Entsetzen verbreitete (Todesurteile wegen Lektüre und Abschriften illegaler Literatur, wie des Briefes des Bjelinskij). Schien daher nach außen alles ruhig, ergeben, loyal, reglementiert und kaserniert, so ging die Gedankenarbeit im stillen desto reger vor sich. Man gewöhnte sich an unbedingte Kritik und schroffe Ablehnung der herrschenden Zustände, verlor jeden Glauben an politische Institutionen und deren Wirksamkeit, die man ja in Rußland selbst zu erproben keine Gelegenheit hatte, und urteilte, wie der Blinde über Farben.

Diese Gedankenarbeit ist in dem verträumten urrussischen Moskau entstanden, nicht in dem geschäftigen kosmopolitischen Petersburg, wo Russen zu Ausländern, nicht aber Ausländer zu Russen wurden, wo die Deutschen (1 % der Bevölkerung) in den hohen Ämtern (bis zu 60 %) dominierten und die Kirche in dem »allerheiligsten« Synod (unter staatlichen Oberprokuratoren, Exgeneralen oder Juristen), einer unkanonischen Einrichtung Peters des Großen, bureaukratisiert, zum Staatsbüttel erniedrigt war, was die Slawophilen, ja manche Geistliche selbst bitter beklagten. In dem stillen, entthronten, »verwitweten« Moskau ließ es sich ungestört philosophieren, aber seine Illusionen platzten wie Seifenblasen an dem Petersburger grauen Elend. Hierher versetzt, vergaß auch der Moskauer Fichte und Hegel, Subjektivismus und Dialektik, Vervollkommnung der Persönlichkeit und nationale Mission, die »schöne Seele« und das »Ding an sich«; der Utopist, Mystiker, Konservative wurde hier Sozialist, Skeptiker, Revolutionär. Aber aus Moskaus Gewächshäusern stammt der Glanz der Literatur, die sogenannten »Belletristen der vierziger Jahre«. Sie bildeten ebensowenig wie die Puškinsche »Plejade« irgendeine geschlossene

Schule mit anerkanntem Führer, mit Gleichheit von Stoff, Stil und Idee. Jeder ging eigene Wege, voll entwickelt erst unter Alexander II., aber jeder berief sich auf den bedeutendsten Prosaisten unter Nikolaus, der, wie der bedeutendste Dichter, von der Moskauer Gedankenarbeit unabhängig blieb: auf Gogol.

Nikolaus Gogol (1809—1852), von Geburt, Erziehung und Anlage typischer Kleinrusse, der erst in Petersburg und Rom seinen Provinzialismus ablegte, ehrgeizig, unstet, im dunkeln über Beruf und Bestimmung, verschlossen und mißtrauisch, Grübler und Melancholiker, war sich früh bewußt, daß er, zu Großem berufen, um Rußland (sein Kleinrußland war zu klein für ihn) sich verdient machen würde. Im Petersburger Nebel tauchten vor seinem geistigen Auge desto greller die frohen, farbigen Bilder seiner lieben Heimat, der ukrainischen Steppe, auf, und so zog es ihn mit der Zeit selbst zur Volksromantik, zur schöpferischen Nachgestaltung ihrer Sitten, Sagen, Schwänke; und mag auch die ethnographische Authentizität seiner »Abende auf dem Meierhofe bei Dikanjka«, die in den Mund eines Bienenwärters gelegt sind, heute problematisch erscheinen, so sicherten ihm die mit Lust und Temperament vorgetragenen Skizzen, Novellen, Märchen durch ihre Neuheit und Farbigkeit sowie durch ihren Humor die Gunst der Leser, und so fand er Eingang zu Žukovskij und Puškin, die sich seiner warm annahmen. Ihn zog es zur Bühne, wegen ihrer augenblicklichen Wirkung aufs Publikum. Freilich den Versuch, das ihm jetzt bekanntgewordene Petersburger Leben, d. h. das Beamtenleben, auf die Bühne zu bringen, mußte er fallen lassen; die Zensur, fürs Theater noch viel anspruchsvoller als für den Druck, gestattete nicht einmal im Titel das Wort »Beamter«. So wählte er einen ungefährlicheren Gegenstand, die Beamtenwelt der tiefsten Provinz, mit ihrer vorsintflutlichen Unmoral und Willkür, mit der Erniedrigung des ihr schutzlos ausgelieferten Volkes. So schuf er seinen »Revisor«, den freilich erst das Eingreifen des Zaren auf die Hofbühne (andere gab es in Petersburg und Moskau nicht) brachte. Der rechthaberische

Autokrat statuierte gern drakonische Exempel und faßte auch diese Komödie nur als eine verdiente Lektion auf, ohne zu ahnen, daß sie sich unmittelbar gegen ihn und sein ganzes System richtete; die Petersburger Speichellecker und Geistesschnüffler fühlten sofort die Spitze heraus und protestierten gegen diese Herabsetzung der Säulen des Staates. Ein Petersburger Windbeutel ist in ein Provinzstädtchen verschlagen; die Beamten, beunruhigt durch die Botschaft, daß aus Petersburg vom Senat ein Revisor käme, der nach dem Rechten zu sehen hatte, wenn die Übergriffe zum Himmel stanken, halten ihn für diesen Revisor; er nutzt ihr Mißverständnis weidlich zu seinem Vorteil aus und verschwindet, ehe der wirkliche Revisor eintrifft. Vor der widerspruchsvollen Aufnahme seiner glänzenden Komödie durch die Gesellschaft floh der Dichter nach Rom.

Hier folgte nach jahrelangem Feilen (Gogol war noch viel anspruchsvoller als Puškin) auf die Komödie vom Provinzbeamten der erste Teil einer Romantrilogie vom Provinzadel: »Die toten Seelen«, das russischeste aller Bücher. Weder die asiatische Moskauer noch die europäische Petersburger Zensur haben diesen Titel verdaut. »Die Erlebnisse des Herrn Čičikov« schilderten den Trick eines Gauners von Profession (nicht aus Zufall, wie Chlestakov im »Revisor« es war), der tote Seelen (d. h. die während der sogenannten Revisionszeit verstorbenen leibeigenen Bauern — Frauen und Kinder zählten nicht als »Seelen«) fast für umsonst aufkauft, um sie als lebende Seelen für teures Geld zu verpfänden; vor der Aufdeckung des Betruges verschwindet er rechtzeitig. Beide Stoffe, für Komödie wie Roman, verdankte Gogol seinem Gönner Puškin. Dazu noch einige Novellen und Skizzen; mit weniger Gepäck hat kaum ein anderer Dichter den Gipfel der Unsterblichkeit erklommen.

Komödien und humoristische Romane gab es lange vor Gogol. Aber die seinigen kannten keinerlei Tugendhelden, nicht einmal bekehrte oder bestrafte reuige Sünder; wie im Leben triumphierte das Laster, das im Grunde kein Laster war, denn niemand hätte sich gesträubt, mit Chlestakov oder Čičikov am Kartentisch (im

Polizeistaat die ungefährlichste Beschäftigung) zu sitzen. Aus Komödie und Roman stank zum Himmel der mephitische Pfuhl der russischen Wirklichkeit, die unglaubliche Schalheit und Gedankenlosigkeit, die alles Höhere und Ideale verdrängte, und Schauder ergriff den Dichter über diese moralisch verkrüppelten Menschen. Wohl wußte er, daß es nicht des Spiegels Schuld ist, wenn er Fratzen widergibt, aber ihn selbst beschlichen Zweifel. Seine unerschütterliche Loyalität, selbstverständlich im Kreise Žukovskij-Puškin, widersetzte sich seinem Wirklichkeitssinn, und nun beschuldigte er sich selbst, Rußlands Verleumder zu sein, das er aus seiner schönen Ferne in Rom nicht zu durchschauen vermocht hätte; benebelte doch auch ihn wie die Zeitgenossen die Vorstellung von Rußlands heutiger Macht und künftiger Mission. Sein Werk verlangte Ergänzung: positive Helden, Tugendbolde, und im fruchtlosen Jagen nach diesen Wahngebilden hetzte sich sein Beobachtungstalent ab. Aber seinen untrüglichen Instinkt befriedigte nie das Geschaffene, und zweimal wanderte die Fortsetzung der Trilogie ins Feuer; nur einer der vorläufigen, nicht der endgültige Text des zweiten Teiles ist erhalten geblieben.

Sein Werk sollte vollkommene Menschen schaffen helfen; er fühlte sich zum Moralprediger berufen, wurde Asket, wirkte so auf seine Bekannten, zumal schriftlich, und als ihm der Roman nicht genügte, veröffentlichte er Auszüge aus dieser Korrespondenz, die, von der Zensur verhunzt, das Gegenteil der beabsichtigten Wirkung hervorriefen. Die Zeit verlangte ja Reformen, aber davon wollte seine Loyalität nichts wissen, zumal da er nichts auf Politik gab, als echter Russe, der nur von der moralischen Hebung des Einzelnen, nur von dessen sittlicher Um- und Einkehr die Vervollkommnung, Verchristlichung, Vergottung der sündigen, eitlen, törichten Welt erhoffte. Darüber vergaß er alles, auch die Greuel der Leibeigenschaft, denn für ihn entschieden nicht Einrichtungen, nur die Menschen. Diese in ihrem Innern frei und edel zu sehen, trotz äußerlicher Autokratie und Sklaverei, war sein Ideal, das sich um die

Mündigkeit der Gesellschaft und ihren Drang nach Selbständigkeit nicht scherte. Durch das bestgemeinte und vielfach treffliche Buch brachte er alle gegen sich auf: die Westler (Bjelinskij griff schonungslos in einem offenen, im Ausland geschriebenen, Briefe sein »Muckertum« an) ebenso wie die Slawophilen, die natürlich in Gogols Abwesenheit vom Mütterchen Moskau den Grund des beklagenswerten Mißverständnisses sahen. Den Dichter trugen immer stärkere mystische Wellen von der Wirklichkeit fort; sein beängstigtes Gewissen fand nur in Selbstkasteiung, Beten, Wachen, Fasten Beruhigung, und diese zehrten seinen Körper buchstäblich auf. Kein Weib hat in seinem Leben wie in seinen beiden Werken seine Wege gekreuzt.

Slawophile und Westler hatten Komödie und Roman mit gleicher Begeisterung aufgenommen; diese, weil die Werke Verrottetes grell beleuchteten, jene, weil sie sie urrussisch fanden; beide bestach der vollendete Realismus. Gogol ist der Vater des russischen Realismus, der jeglichem fremden vorausgeht, eines Realismus, der das Leben nicht photographiert noch protokolliert, wie der Zolas, sondern mit bedachter oder instinktiver Auswahl des Bezeichnenden nicht nur das äußere Abrollen der Einzelheiten, sondern ihren geistigen Widerhall nachschafft und sie mit dem Auge des Künstlers, nicht des Reporters erschaut. Wohl beschimpften die Reaktionäre Gogol als einen »Naturalisten« — natürlich, wahrhaft, nicht erkünstelt und verlogen, so deutete sein Bewunderer, Bjelinskij, diese Boshaftigkeit um. Darauf gründete sich die soziale Bedeutung des Gogolschen Werkes.

Nicht geringer war die künstlerische. Unübertroffen blieb die Charakteristik; ein paar Striche schufen greifbare, lebensvolle Gestalten. Unerschöpflich war die allbezwingende Laune, obwohl der Dichter nicht nach komischen Effekten haschte. Von unerschütterlicher Ruhe, Objektivität stach stellenweise lyrisches Pathos ab, das ihm seines Rußlands Bewunderung eintrug; er streifte hie und da Tragisches im Bilde eines Geizhalses. Seine Prosa war würdigstes Gegenstück zu Puškins Versen, formvollendet wie diese. So wurde Gogol zu einem Homer Rußlands, mochte auch Bjelinskij über diesen Beinamen, den ein schwärmerischer Slawophile erteilte, hell auflachen. Nun war nach Gogol eine Rückkehr zur alten, offiziellen Lobhudelei ausgeschlossen. Kraft seines Talentes, nicht von der Armut seiner Ideen aus, hatte der Künstler den Menschen und Zuständen auf den Grund gesehen. Hinter dem scheinbar gutmütigen Spott und Lächeln barg sich schonungslose Analyse, und nichts konnte sich ihr entziehen. Immer düsterer wurde Puškins Miene, als ihm Gogol seine lachenden Szenen vortrug: wie traurig ist unser Rußland, rief er bewegt aus. Auf die Verklärung des Lebens durch die Poesie Puškins folgte dessen Zersetzung; statt der Sehnsucht des Dichters nach Ideal und Vollkommenheit: Beschränktheit, Egoismus, Öde der realen Welt und des alltäglichen Treibens in seiner ganzen komischen Niedrigkeit. Die Literatur stieg endgültig vom Parnaß, vom Musensitz, unter die lebenden, rohen, plumpen Gesellen herab und lehrte sie verstehen; sie wurde aus einem abgeklärten, schönen Spiel zu einem mächtigen Hebel, zu treibender Kraft, und damit stieg unendlich ihre Bedeutung.

Ebensowenig wie der abseits aller Parteien stehende Gogol gehörte Michael Lermontov (1814—1841) den Moskauer Strömungen an. Ein sogar im Vergleich mit Puškin und Gribojedov auffallend Frühreifer, geriet er dauernder als diese in Byrons Bann und blieb zeit seines nur allzu kurzen Lebens eine widerspruchsvolle Natur, echt russisch: ein unverträglicher und unerträglicher Spötter und Zänker, voll keuschen und tiefen Empfindens, abhold allem Äußerlichen. Es schien, er würde die Puškins Hand entfallene Leier hochhalten; ein Gedicht auf den Tod des Dichters mit flammender Anklage der hochmögenden Lumpen, die den Musensohn in den Tod hetzten, trug ihm Ruhm und Strafversetzung nach dem Kaukasus ein, aber schon nach vier Jahren traf ihn, den Ahnungen baldigen Todes nicht verließen, die gleiche Kugel, und keine russische Zeitung nahm auch nur die geringste Notiz von diesem größten Verlust der Literatur. In seinen Stimmungen und Liedern wechselten ab zarte, erotische und tiefe, fromme Motive, Selbstbezichtigungen und Anklagen der ideen- und charakterarmen Zeit, Nachklänge aus Schiller und Heine (der später so bedeutsam für die Russen werden sollte), vor allem Byronische Zerrissenheit; Verachtung des Lebens als eines »dummen Scherzes« und Dank dem Schöpfer, daß er ihm nicht mehr lange werde danken müssen. Weltverachtung und Weltschmerz klangen aus seiner Lieblingsdichtung vom »Dämon«, den sinnliche Liebe zur schönen, unschuldigen Tamara flüchtig fesselt, dessen Gefühle erkalten aber dann wie vulkanische Lava; weniger pathetisch aus seinem Prosaroman vom »Helden unserer Zeit«, der an Mussets Geständnisse erinnern könnte. Sein Held, Pečorin (Gegenstück zu Onjegin) vergeudet ungewöhnliche Selbstbeherrschung, Geistesgegenwart, zersetzenden Verstand auf Nichtigkeiten, auf lieblose Frauenbezwingung, auf kalte Ablehnung jeglichen Hoffens und Strebens — trotz der Ableugnung des Dichters zum Teil Selbstporträt. Nur unternahmen, ganz im Stil der Nikolaitischen »Unzeit«, in der liberale Männer wie unartige Kinder körperlich, ganz im geheimen, gezüchtigt wurden, beide, Pečorin wie Lérmontov, keinen Protest gegen die gesellschaftliche Unordnung, kein Eintreten für alle Unterdrückten; Byrons Freiheitsdrang blieb dem Russen, dem Verächter alles Politischen, fremd. Dafür übertraf er Byron wie Moore als »Orientalist«. Er war Dichter des Kaukasus, an den sich Puškin kaum heranwagte; seine Schilderung der wildmajestätischen Natur, die den Klosternovizen aus seiner Zelle unwiderstehlich lockt, bieb unübertroffen. Natur zog ihn an; an seinem Rußland hing er nicht wegen dessen Macht und Ruhm; ihn fesselte nur die Sympathie zur Einfachheit von Land und Leuten, was Puškin noch fehlte. Kein Wunder, daß seine formvollendeten Verse erst später Verehrer, z. B. in Tolstoj, fanden, daß er erst heute seine Auferstehung feiert und erst den modernen Leser seine Zerrissenheit, sein Pessimismus, sein Suchen nach Trost und Wahrheit mächtig fesselt. Das offizielle Rußland ging bei ihm leer aus, aber volkstümliche epische Sagen traf er wunderbar.

Volkstümliche lyrische Weisen hat gleichzeitig mit bisher nicht wieder erreichter Kunst Aleksej Kolcóv (1809—1842) umgeschaffen. Autodidakt, erinnerte er an Burns, nur zählte seine Laute weniger Saiten; es fehlte natürlich die politische, revolutionäre. Seine Kurzverse gaben Lust und Leid energischer, lebenslustiger oder resignierter, gebrochener Bauern (das Thema der Leibeigenschaft ward nie berührt) und Naturbilder von erstaunlicher Kraft und Frische wieder.

Ohne Kolcóvs vorzeitigen physischen Niederbruch aufhalten zu können, hatte ihn mit Erfolg beim Publikum eingeführt die dritte, markanteste unter den literarischen Persönlichkeiten der Nikolaitischen Zeit, der Kritiker Wissarion Bjelínskij (1811 bis 1848), Vorläufer und Symbol der revolutionären russischen »Intelligenz«, ihr geistiger Ahn und Führer. Proletarier, relegierter Student, hat er trotz seines kurzen Schaffens und ungeachtet seines wenig gediegenen Wissens tiefe Furchen im russischen Geistesleben gezogen. Die Lauterkeit seines Wesens, sein flammender Enthusiasmus, seine ungewöhnliche philosophische Begabung, seine fanatische Beredsamkeit, sein unablässiges Predigen derselben fortschrittlichen Wahrheiten, seine Aufrichtigkeit ließen die Jugend zu ihm wie zu ihrem Abgott aufsehen. Aus den Moskauer Zirkeln hervorgegangen, hatte er, nach Petersburg verpflanzt, seinen abstrakten Idealismus, sein Streben nach ausschließlicher Selbstvervollkommnung, seine Flucht vor der Wirklichkeit in philosophische Sphären, seine Anschauungen von der Tendenzlosigkeit und dem Selbstzweck der wahren, objektiven Kunst, seine Ausschließung des subjektiven Elementes, der Satire und der sozialen Bestrebungen aus den heiligen Hallen des Schönen, Guten, Wahren, seine anfängliche Apotheose der Olympier, Goethe wie Puškin, bald eingetauscht gegen Revolution und Sozialismus, gegen aufklärerische Tendenzen der Literatur, gegen schärfste Bekämpfung jeglicher Reaktion und weltfremder Abstraktion — soweit dies natürlich die Zensur gestattete, die wie mit Blindheit geschlagen den aufrührerischen Grundzug seiner weitläufigen Auseinandersetzungen entweder gar nicht merkte oder als belanglos hingehen ließ. Sein lebhaftes ästhetisches Gefühl, sein Eifer und seine Beredsamkeit rissen fort; die heranwachsende Generation von Schriftstellern erkannte in ihm willig ihren Berater. Er setzte die alten literarischen Götzen ab, wies ihnen in der historischen Entwicklung ihre Stelle an, deutete dem großen Publikum Puškins Wert und Werk, pries die »naturalistische« Schule (Gogol), verlangte vom Dichter Ideen, Verständnis der Zeit, soziales Interesse und verleugnete sein eigenes, früher entgegengesetztes Predigen. Der heutige Leser wird allerdings enttäuscht, wenn er z. B. seine Jahresübersichten einsieht, wo auf die weitschweifigsten Ausführungen von Truismen, über Wesen der Kunst und Aufklärung, er nur zu Ende kurz die neuen Erscheinungen vorführte. Er besprach alles, sogar Traumbücher, um an ihnen das Wesen des Aberglaubens zu deuten; nur über Gogol durfte er nichts sagen, was ihm am Herzen lag, höchstens es andeuten. So wurde er der Vater der russischen publizistischen, tendenziösen, vorgefaßten Kritik, die nicht nach dem Wie, sondern nach dem Was fragte, die weniger das Werk als die Gesinnung des Autors prüfte, die auch schwachem, aber gesinnungstüchtigem Können Anerkennung zollte, sich vor einem Dostojevskij oder Tolstoj verschloß, aber einen Saltykov in den Himmel hob, Poesie gering schätzte und schlimme ästhetische Verheerungen anrichtete. Aber unter Nikolaus I. hat nur Bjelinskij Humanität gepredigt und durch stete Wiederholungen der Wahrheit zum Siege verholfen. So wurde literarische Kritik zu einer Tribüne des Fortschrittes und gewann dadurch, wie die Belletristik selbst, eine Bedeutung, die ihr in keinem anderen Lande in gleichem Maße zukam. Wo es keine Freiheit von Presse, Meinung, Wissen gab, hat diese tendenziöse Kritik den Umschwung der Geister mit herbeigeführt. Den ersten Vertreter der »Intelligenz« raffte auch deren organische Krankheit, die Schwindsucht, noch rechtzeitig weg, ehe er den Weg in die bereits vorbereitete Zelle der Peterpaulsfestung betrat; die tolle Reaktion nach 1848 hätte ja sowieso seine Feder zerbrochen.

Viertes Kapitel.

Die Radikalisierung der »Intelligenz« unter Alexander II.

Der Frühling von 1855 wiederholte, wenn auch weniger stürmisch, das Schauspiel des von 1801: die Milderung des Zensurdruckes, das Gestatten neuer Zeitschriften, was Nikolaus I. stets verweigerte, die Verabschiedung eingefleischter Reaktionäre, die ersten Zeichen öffentlichen Lebens kündeten die Wandlung an. Mochte auch Alexander II. (1856—1880) den Ausdruck »Fortschritt« ablehnen, der Entschluß zu Reformen stand bei ihm fest, auch ohne Sebastopol; dies bestärkte ihn nur in seinem Widerstande gegen den aufsässigen Hof, Adel, Ministerien. »Du hast gesiegt, Galiläer«, so empfing Herzen in London die Botschaft von der nahenden Aufhebung der Leibeigenschaft, die durch das Manifest vom 19. Februar 1861 zur Tat wurde. Diese »Emanzipation« löste Enthusiasmus aus, außer bei den Bauern selbst, die anderes erwartet hatten, die zu wenig Land zu teuer bekamen, deren geringste Unzufriedenheit blutig erstickt wurde. Die Reform hatte auch am Mir wegen dessen phantastischer Einschätzung durch Slawophile und Radikale nicht zu rütteln gewagt; sie hatte die Interessen des Adels geschont; sie kam spät, tilgte Rußlands Schmach, bahnte eine Gesundung seines ökonomischen Lebens an, leitete andere Reformen ein. Die patriarchalische, d. h. allen Rechtsbeugungen schutzlos ausgelieferte Gerechtigkeitspflege wich der Öffentlichkeit der Verhandlungen mit Geschworenengerichten und Advokaten. In die unsinnige Zentralisierung wurde eine Bresche gelegt, indem lokale »Landschaften« als autonome Behörden gebildet wurden, deren Wirkungskreis sich allerdings auf Wohltätigkeits- und Gesundheitspflege, Schulen und Wege beschränkte. Ein liberaleres

Universitäts- und Zensurstatut (Aufhebung der Präventivzensur für die hauptstädtischen Zeitungen) sowie eine Städteordnung mit weitreichender Autonomie vervollständigten das Reformwerk.

Die Jahre 1857—1860 waren die kurze Spanne Zeit völligen Zusammengehens der öffentlichen Meinung und der Regierung. Die Erwartung der kommenden Reformen hielt die Gesellschaft in Atem. Öffentliche Vorträge und Diskussionen, Errichtung von Schulen, zumal der unentgeltlichen Sonntagsschulen und Hebung der Frauenbildung, womit Rußland anderen Kulturländern vorausging, schienen auch der Regierung willkommen. Diese Harmonie wurde jedoch bald getrübt. Die Regierung stutzte über die steigende Aufregung der Gesellschaft; die äußeren Verwicklungen im Gefolge des polnischen Aufstandes ließen die innere Gärung gefährlicher erscheinen. Der Zar selbst hielt einen Stillstand der Reformen für geboten; die Kamarilla bei Hof und Adel dachte sogar an deren Revision. Woher kam die unleugbare Radikalisierung, das vielfache Sichnichtzufriedengeben mit dem unverhofft Erreichten?

Ein neuer Stand hatte sich vorgedrängt: die »Intelligenz«. Aus Stadt und Land strömte die Jugend, Söhne von Bauern, Geistlichen und kleinen Beamten, in die Hauptstädte, zu den Hochschulen; ihre Armut ließ sie sich kümmerlich durchschlagen und hinderte sie an intensiveren Studien. Sie suchte dafür nur das Neueste zu erhaschen, das letzte Wort von Wissenschaft und Literatur und warf sich auf Feuerbach und die Materialisten, deren populäre Broschüren (Büchners »Kraft und Stoff«; Vogt, Moleschott) die unreifen Köpfe verwirrten; nirgends fanden diese materialistischen Phantasien solch blinden Glauben als im Rußland der sechziger Jahre. Es fehlten Hemmungen, Traditionen, ererbte Denkgewohnheiten; die kulturlosen Neulinge rissen sich nur von jeder Vergangenheit los und zertrümmerten ihre bisherigen Götzen, um neue, moderne aufzurichten. Sie verpönten jeglichen Rückfall in Theologie, Religion, Autorität, sagten sich von Geschichte, Philosophie, Ästhetik los, erhofften alles Heil von den Naturwissenschaften, und je extremer eine Anschauung war, desto eifriger griff man nach ihr; nur begnügte sich zum Unterschiede von der europäischen Jugend die aufopferungsfreudige, naive, aufrichtige, ihr Leben leicht wegwerfende russische nicht mit theoretischen Auseinandersetzungen, sondern strebte in ihrem selbstlosen Tatendrang gleich nach der Umsetzung des Gedankens in die Tat. Politisches Leben, in dem sie sich hätte austoben können, war unbekannt, und man erhob nur soziale Forderungen. Diese »Intelligenz«, von der die bürgerliche fast ausgeschlossen blieb, die relegierte Studenten, deklassierte Beamte, angehende Journalisten, kleine Ärzte, Ingenieure, Advokaten ausmachten, Leute oft ohne Dach und Fach, hatte die furchtbare Not des russischen Proletariats am eigenen Leibe durchkostet; sie wahrte sich daher tiefste Sympathie mit dieser Not, erfüllte sich mit Neid und Haß gegen alle Privilegierten und sann früh auf soziale Umwälzungen; ihr konnte am wenigsten jenes legale, langsame, gemäßigte Reformwerk genügen, und bald gab es geheime Verbindungen, revolutionäre Aufrufe, unterirdische Agitation. So entstand der Typus des »Nihilisten«: ein alter Name, den Turgenev zur Unzeit in Kurs setzte, obwohl an diesen Nihilisten nichts nihilistisch war; waren sie doch unverbesserliche Ideologen, Optimisten, abergläubische Verehrer aller positivistischen und materialistischen Formeln.

Ihren Denkstoff schöpften sie, neben jenen Broschüren, aus der publizistischen Kritik der Monatsjournale, die, aus den Zeiten Nikolaus I. herübergenommen ihr früheres Gerümpel von Inhalt durch modernsten Stoff ersetzten, allen voran der »Zeitgenosse« (von Puškin begründet!), der unter Nekrasov immer radikaler wurde und das noch radikalere »Russische Wort«, neben denen Katkovs »Russischer Bote«, gemäßigt liberal, und Dostojevskijs »Zeit«, slawophil, sich mühsam behaupteten. Alles Leben sammelte sich in Petersburg; von hier gingen die Losungen aus, Moskau war endgültig überflügelt und hinkte langsam nach. Die Rolle von Bjelinskij, dessen Name durch ein volles Jahrzehnt nicht erwähnt werden durfte, übernahm zuerst Nikolaj Černyschévskij (1828—1889), ein gelehrter Nationalökonom, trocken und pedantisch im Stil, aber von desto radikaleren Anschauungen, der sich bald von der Regierung, ja von Herzen trennte und an Konspirationen wie Proklamationen beteiligte. Eingekerkert, wurde er nach Sibirien verbannt und diese Strafe, trotz aller Proteste des Auslandes, später verschärft; sie hat nicht seinen lauteren Charakter, wohl aber seine Arbeitskraft zerstört: eines der ersten und bekanntesten Opfer der einsetzenden Reaktion. In der Peterpaulsfestung schrieb er seinen optimistischen Roman »Was tun?«, den die Zensur unbegreiflicherweise im »Zeitgenossen« durchließ (verboten blieb der Sonderdruck), und der trotz seiner ästhetischen Dürftigkeit und nationalökonomischen Phantastik zu einem Evangelium der Jugend wurde, weil er den neuen Typ verherrlichte, alle Fesseln der Tradition und traditionellen Moral abwarf, die Forderungen des gesundegoistischen Verstandes allein anerkannte und die standhaften, unbeugsamen Märtyrer des neuen Glaubens ankündigte. Černyschévskij hatte sein einflußreiches Amt als literarischer Kritiker des »Zeitgenossen« früh an seinen Jünger Nikolaj Dobroljúbov (1836—1861) abgetreten, der über das verfügte, was jenem fehlte, über einen glänzenden Stil, hinreißendes Temperament, starke satirische Ader, neben einem asketischen Einschlag in seinem lauteren Charakter. Er hat Bjelinskij weit übertroffen. Seine Analysen der Romane eines Turgenev oder Gončarov, der Komödien des Ostrovskij boten das Muster sozialer Ausdeutung literarischer Erscheinungen; freilich dienten ihm diese Werke nur als Vorwand für eingehende gesellschaftliche Studien. An Wissen und Fähigkeiten stand beiden bedeutend nach Dmitrij Pisarev (1841—1868), dessen meiste, durch leichten Stil gefällige Aufsätze, in der Peterpaulsfestung geschrieben, von der radikalen Jugend verschlungen wurden; im Gegensatze zu jenen vertrat er die psychologische Analyse, bewunderte den »neuen Typ« des Černyschévskij und deutete die Einzelgestalten der Romane von Turgenev, Pomjalovskij, Pisemskij zur Verherrlichung des

»denkenden Proletariers« und seiner Freude am vernünftigen Lebensgenuß aus. Heine hatte ihn einst bekehrt. In seiner jugendlichen Aufwallung scheute er vor keinerlei extremsten Äußerungen zurück, was gegen ihn ausgenützt wurde. Allen drei Kritikern hat Kerker oder Tod allzufrüh die Feder aus der Hand geschlagen; die »Intelligenz« verehrte in ihnen Bekenner und Märtyrer.

Die Bekämpfung des polnischen Aufstandes, der ja die Kreise der russischen Radikalen nur störte, der Intervention der Westmächte, die Rußlands Stolz tief verletzte und der neuen revolutionären Richtung Herzens, die ihm seine liberalen Freunde abspenstig machte, haben Michail Katkov (1820—1887) den Weg zu seiner außerordentlichen, für Rußland verhängnisvollen Bedeutung gebahnt. Langsam häutete sich der arme, ehrgeizige Moskauer Student und Professor, der aus jenen philosophierenden Zirkeln hervorgegangen war, durch alle liberalen, konstitutionellen, englischen Schwärmereien hindurch zu einem resoluten Bekenner des einstigen Uvarovschen Programms von der Gott-, Zar- und Volkseinheit und verlangte mit Erfolg die schärfsten Repressalien gegen alle äußeren und inneren »Feinde«, Polen, Juden und Nihilisten. Durch seine Organe, den (literarisch später höchst unbedeutenden) »Russischen Boten« wie durch seine »Moskauer Nachrichten« gewann er ein Gewicht, wie nie vor noch nach ihm ein Publizist. Nur schwach widersetzten sich ihm die radikalen »Vaterländischen Memoiren« der neuen Redaktion (Nekrasov-Saltykov) und der liberale, gemäßigte »Europäische Bote«. Die Regierung selbst, zumal seit dem ersten Zarenattentat von 1866, betrat immer offener seine Bahnen, unterdrückte die radikale Presse, deportierte Mißliebige, verschärfte die Zensur und leitete die großen politischen Prozesse ein. Die Nihilisten sahen das Vergebliche ihres Konspirierens in den Hauptstädten ein und warfen sich aufs flache Land, den Bauer aufzuklären und zu revolutionieren. Ihre Arbeit trug zunächst kulturellen Charakter: Unterricht und Pflege der Dorfkinder, Belehrung der Männer und Frauen, so in Hygiene, die furchtbar daniederlag. Langsam mischten sich Losungen von einer neuen Landaufteilung und die Fabrikation angeblicher zarischer Ukase ein, und die Regierung ging über zu ihrem Bekämpfen, unterstützt von dem gegen jede »Weißhand« mißtrauischen Bauer. Die Verfolgungen stießen unter den Nihilisten auf schärfsten Widerstand, bald auf Spaltungen; die Extremen schritten zu Attentaten, die nach Beseitigung besonders verhaßter Verfolger sich gegen die Spitze des Systems, gegen den Zaren selbst richteten. Der Russisch-Türkische Krieg lenkte für kurze Zeit von diesen Kämpfen ab, als patriotisch-nationale und sogar slawophile Strömungen Oberwasser bekamen. Wieder verschärften sich dann Verfolgungen und Prozesse, ebenso die Attentate, denen zuletzt der Zar zum Opfer fiel.

Für diese Wandlung der Menschen und Zeiten, für diese Radikalisierung der Köpfe und Herzen legte volles Zeugnis ab die Literatur, die anders als ihre Schwestern im Westen, fernab von bloßem ästhetischen Spiel, dem Augenblicke und seinen Nöten frisch in die Augen sah und die ihr Realismus förmlich zwang, Stellung zu nehmen zu allem, was die Gemüter bewegte.

Fünftes Kapitel.

Die schöne Literatur der Jahre 1855—1881.

Die großen Realisten dieser Jahre pflegte man kurzweg als die »Belletristen der vierziger Jahre« zu bezeichnen. Sie teilten manches gemeinsam, nicht nur ihre Standeszugehörigkeit wie ihr zeitliches Auftreten noch unter Nikolaus I., sondern auch in der Wahl der Formen und Stoffe. Es war dies, zum ersten und letzten Male, die Literatur der Gutsherren, des Landadels, als der einzigen kultivierten Schicht im Reiche. Alles Städtische blieb ihnen fremd, sie kannten nur den alten Herrenpark und die weiten Jagdgründe ihrer mittleren Gouvernements. Rußlands Grenzländer und Fremdvölker gab es für sie ebensowenig wie die eigene Geistlichkeit, Beamte, Militär, freie Berufe. Dieses äußerst beschränkte Gebiet aber kannten sie deşto genauer. Psychologische Vertiefung, diskrete Pinselführung, Meidung alles Grellen, Derben, Sinnlichen, außerordentliches Naturgefühl, Streben nach Wahrheit und Freiheit war ihnen allen eigen; ihre stilistische Behandlung war über alles Lob erhaben, ja ihre Prosa nahm mitunter musikalischen Klang an; Verse verschwanden.

Den Reigen eröffnete Ivan Turgénev (1818—1883), der erste, der auch im Auslande, wo er, in Frankreich und Deutschland, dreißig Jahre lebte, bekannt wurde und selbstlos anderen Russen die Wege bahnte, Vermittler zwischen der Literatur des Ostens und Westens, der ausgesprochenste »Westler« und in der Schriftstellerwelt, Schüler deutscher Philologie und Philosophie, von Slawophilen scheel angesehen, von Dostojevskij aufs unwürdigste angegriffen. Der anerkannte Meister des Stiles wie der Komposition, die sonst bei den Russen im argen liegen, erinnerte an die Franzosen, seine besten Freunde. Er war ein Spätling und versuchte sich zunächst auch episch und dramatisch, bis er sich für Skizzen, Novellen, Romane entschied. Am Eingange zu diesem seinem Beruf standen »Die Aufzeichnungen eines Jägers«, zufällig geschaffen und planlos hingeworfen, deren Zusammenfassung erst eine scharfe Tendenz auslöste, die ihn der Regierung mißliebig machte. Er verherrlichte ja den Leibeigenen, den gesunden, normalen, auch tief religiös und poetisch veranlagten, auf Kosten seiner unsympathischen, unvernünftigen, launischen Sklavenhalter; die Darstellung war so diskret, daß sie sogar die Nikolaitische Zensur passieren konnte. Das Leben im Elternhause hatte ihm seinen Haß gegen die Sklaverei eingegeben. Von Bauern und Gutsherren wandte sich Turgénev ausschließlich diesen zu. Seine immer ausführlicheren Novellen wuchsen sich zu Romanen aus, die schließlich sogar alles zeitgenössische Treiben erfassen, der Aktualität, dem Momente dienen sollten; die feine psychologische Behandlung erotischer Themen erweiterte sich zu Analysen der russischen modernen Welt. Mit gar wechselnden Erfolgen hielt nun der Dichter der Gesellschaft den Spiegel ihrer Wandlungen vor Augen. So schuf er eine Galerie der »überflüssigen Leute« aus der Nikolaitischen Zeit, Leute, die durch Schwäche oder Zufall ihr Leben verpfuschten, im besten Falle »Säer guter Worte« in der verkommenden Umgebung wurden, zu eigenem Tun unfähig sich resigniert in die Tretmühle des Lebens einspannen ließen oder im Alkohol ihre Illusionen ertränkten. Den unbestrittensten Erfolg erzielte er mit seinem »Adelsnest« 1858; doch sollte er es mit allen verderben, als er aus den alten Adelsnestern sich in die moderne Ideenwelt erhob und sie in seinem besten Werke »Väter und Söhne« (1861) wahrheitsgetreu und ungeschminkt darstellte. Es war dies eines der russischen »Mißverständnisse«; der Roman erschien bei Katkov, als Turgénev endgültig mit Nekrasov und dem immer radikaleren »Zeitgenossen«, dessen Stütze er gewesen, zerfallen war, und schilderte den »Nihilisten« Bazarov, den Proletarier von ungebrochener, urwüchsiger Kraft, gegen den die adeligen Vertreter beider Generationen stark abfielen. Katkov schimpfte über diese Verherrlichung des »Nihilisten«, die »Intelligenz« über die Verunglimpfung ihres Helden, weil Turgénev nicht alle Welt vor ihm bedingungslos auf die Knie fallen ließ, weil er ihn nicht von Erfolg zu Erfolg geführt hatte, weil er Wahrheit, keine Apotheose bot, die für radikale Helden Černyschevskij in »Was tun?« nachholte. Nie wäre ein Europäer auf solches Ansinnen verfallen: gegenüber den romantischen Velleitäten und bloßen guten Manieren der »Väter«, von denen sogar ihre ungeratenen »Söhne« unzertrennlich bleiben und in die alte Schlaffheit zurückfallen, war der Positivist Bazarov Verächter aller Ästhetik und Romantik, erkannte keinerlei Tradition und Gebote an, ehrte nur nützliche Arbeit und brach sich rücksichtslos Weg, Muskeln und Geist vertrauend; so blieb er fest im Boden verankert, war aber zu keinem neuen Idol erhoben, obwohl er als Charakter und Talent, in Logik und Konsequenz turmhoch über seine ganze klägliche Umgebung hervorragte: ein neuer kräftiger, etwas einseitiger Typus. Gleiche Objektivität suchte sich Turgénev in dem folgenden oberflächlichen Roman »Rauch« zu wahren, wo sein galliger Sprecher Hiebe rechts und links austeilte. Deutlicher ließ er seine oppositionelle Stellung in seinem letzten, ausführlichsten, leicht hingeworfenen »Neuland« (1876) erkennen, das die Reaktion gegen ihn vollends aufbrachte, während die »Intelligenz« sich in den Hamletnaturen dieser erfolglosen Propagandisten unter Bauern nicht wiedererkennen wollte. Gewiß hat Rücksicht auf die Zensur den Dichter gehemmt, aber auch die Schärfe seiner bloßen Beobachtung aus der »schönen Ferne« her hatte sich sichtlich abgestumpft. Nach diesem Mißerfolg blieb er bei Novellen, worin er Zeit seines Schaffens das Bedeutendste geleistet hatte, und dichtete seine Senilia in Prosa, Momentaufnahmen innerer und äußerer Vorgänge und Stimmungen.

Turgénev wiederholte sich vielfach in seinen Vorwürfen, die nicht über erotische Verwicklungen hinausgingen. Er war Meister des Frauenbildnisses; seine Frauen sind das starke Geschlecht, weil sie, nicht zersetzt von Reflexion, Skrupeln, Zweifeln und opferfreudig, an sich zuletzt denkend, sich natürlicher, frischer erhalten haben.

Seine schwachen Männer, Grübler und Egoisten, sind das Produkt von Generationen von Sklavenhaltern, die jeder eigenen Arbeit und Anstrengung enthoben, jeden Energienerv atrophiert haben. Manche Züge seiner Helden sind seine eigenen — bis auf sein mildes Herz, seine humanste Gesinnung, seine liberalsten Anschauungen; sonst trat er völlig hinter seinem streng unpersönlichen Werk zurück, enthielt sich aller Dialoge und Diskussionen, in die redselige Russen so leicht verfallen, und lehnte alle Abstraktionen, Dogmen, Vorurteile ab. Die Kunst dieses Skeptikers und Pessimisten war eine vornehme und mied alles Vulgäre, Banale. Sein ästhetisches Urteil war untrüglich. In russisches Leben und Fühlen führte er wohl ein, aber er gab davon nur einen Ausschnitt, weder breit noch tief. Sein gereifter Geschmack ließ ihn nichts à la russe servieren; der Europäer verleugnete sich nie und mied jede Verherrlichung z. B. des russischen Bauers. Er wahrte sich, auch gegen seinen Freund Herzen, stets das nüchternste Urteil, das sich bis zur Skepsis über Rußlands Art, Mission, Macht und Zukunft verstärkte; er blieb Psychologe, Landschafter, Gentleman.

Mit dem fruchtbaren Turgénev konnte sich sein vermeintlicher Rivale, Ivan Gončaróv (1812—1891) schon wegen seiner Unproduktivität nicht messen, mochte auch er aktuell erscheinen und die Wandlungen der Gesellschaft fixieren wollen (nur kam der erzkonservative Zensurbeamte über 1848 nicht heraus), der Schöpfer eines Romans und eines unsterblichen Typus, seines »Oblomov« (1858) und dessen faulfrechen, treuergebenen Sklaven Zachar. Oblomov ist eine vornehme Natur, milden Herzens, von besten Geistesanlagen, aber verurteilt, sein Leben im Schlafrock auf dem Sofa zu vertun, obwohl er nach Moskau und Petersburg verschlagen, studiert und dient. Sein scharfes Barbarenauge durchschaut die »übertünchte Höflichkeit« des gesellschaftlichen Lebens und dessen Öde ebenso wie die alberne Nichtigkeit des »Dienstes«, aber nur um selbst nichts tun zu müssen und in die Indolenz der Vorfahren nach einem kurzen, vergeblichen Anlauf zurückzufallen. Nicht das

Beispiel seines tüchtigen, tätigen Freundes, des Deutschrussen Stolz, noch die keimende Liebe zu dem Ideal von Mädchen, Olga, höchstens der drohende Deckeneinsturz können ihn dem Sofa auf Augenblicke entreißen. Ein nationaler Typus war mit Meisterschaft erfaßt, und diese Kunst ließ die unheimliche Länge eines mehrbändigen Romans ohne Handlung vergessen. Endlose Reden verdarben den zweiten, noch ausführlicheren Roman, »Der Absturz« (1868), dem eine gleiche zentrale Figur wie Oblomov fehlte; denn neben den Helden, Künstler, in Wirklichkeit aber nur faulen Dilettanten Rajskij stellten sich in den Vordergrund zwei Frauen, Vjera mit ihrem vergeblichen Versuch, einen Nihilisten zu »zähmen«, und ihre Großmutter, eine gleich verunglückte Verkörperung des alten Rußland. Gončaróv hatte einen unverzeihlichen Fehler begangen, nämlich in den Roman mit Personen nikolaitischer Prägung einen Mann von 1865 hineinverpflanzt, um an diesem angeblichen Nihilisten, der sich zu Bazarov verhielt wie ein Possenreißer zu einem genialen Schauspieler, seinen großen Haß und sein gleich großes Unverständnis gegen die »neue Wahrheit« (nach Gončarov nur »neue Lüge«) und die neuen Menschen und Ideen austoben zu lassen. Niemand nahm diese Karikatur ernst, und »Der Absturz« ward vor allem ein Absturz des Ruhmes des Verfassers. Gončaróv hat im Gegensatz zu dem viel umfassenden Turgénev im Grunde nur sich selbst, seine tiefste Art, seine eigene Oblomoverei variiert, daneben freilich auch interessante, tief durchdachte und lebhaft gefühlte Frauenbildnisse geschaffen; er gab meisterhaft wieder, was ihm vertraut war, aber sein Feld war klein.

Ungleich charakteristischer, freilich auch derber und roher, war das Schaffen eines Stockrussen, Aleksej Pisemskij (1820—1881), der den erstickenden Sumpf des Provinzlebens, die Gesinnungslosigkeit seiner Männer und die Verschüchtertheit seiner Frauen mit zwerchfellerschütternder Drastik schilderte. Das aufgeregte Petersburger Leben zu Ende der fünfziger Jahre beobachtete mißtrauisch dieser skeptische Provinziale und glaubte bald in alle

Winkel dieses Treibens hineingeleuchtet und als treibende Kräfte nur Leichtsinn, Modenarrheit, Eigennutz aufgespürt zu haben; so schilderte es wenigstens der zweite Teil seines Romans »Das aufgewühlte Meer« (1863), während der erste noch dem Provinzleben seines Helden gewidmet war. Der Roman ist eine glänzende, allerdings ganz einseitige, ironisch-pessimistische Darstellung aller Maulhelden, Possenreißer und Intriganten dieser Tage, aber mit wildem Indianergeheul verfolgte die »Intelligenz« diesen unendlich interessanten, leben- und farbensprühenden Roman, der ganz lose komponiert in stets wechselnden Bildern der alten Familie und Universität, der Provinz und Petersburgs von dem satirischen Talent dieses ungläubigen Thomas bestes Zeugnis ablegte. Die gehässigsten Angriffe erbitterten den Verfasser, der sich dann als Vielschreiber auch auf ihm ganz unzugängliche Gebiete verlor und sein Talent verzettelte.

Gleiches Schicksal widerfuhr 1865 dem Roman »Ohne Ausweg« und seinem Verfasser Nikolaj Leskov (1831—1897). Das Werk schilderte bekannte Petersburger Nihilisten und ihre »Kommune« wahrheitsgetreu; Grund genug, um die »Intelligenz« dagegen aufzuhetzen. Der Roman beginnt im provinziellen Marasmus und schildert, wie sich neue Zeit hier meldet und die von ihr Berührten diesem Marasmus nach Moskau und Petersburg entführt und welche Enttäuschungen sie hier erwarten. Nur hat Leskov die grimmigen Angriffe ungleich besser als Písemskij überstanden und eine reiche Tätigkeit entwickelt, die ihn von Nihilisten zu Schilderungen des Lebens der russischen Geistlichkeit mit ihren Traditionen und Anekdoten aus der »guten alten Zeit« zu Geschichten aus den baltischen Provinzen und Polen, zur Darstellung des modernen Lebens in Petersburg und seiner Auswüchse geführt hat. Leskov hatte ein ausgeprägt humoristisches Talent, doch war sein Humor nicht so schlackenlos wie der Gogols; er jagte nach humoristischen Effekten, so in seiner Sprachmalerei mit den unförmlichsten Wortwitzen und übertrieb gern. Aber er kannte Rußland gründlich und ist ganz zu Unrecht wie Písemskij vergessen. Der raschlebige Russe entschlägt sich gern aller Traditionen: eine unschätzbare Fundgrube davon, die Herzens Memoiren hie und da trefflich ergänzten, sind eben Leskovs lose Skizzen — die ausgeführten Romane enttäuschen dagegen. Seine urwüchsigen Bilder sind für Rußland ungleich bezeichnender als Turgénevs Salonliteratur.

Mit Písemskij, den ja die Kritik der »Intelligenz« noch 1860—1862 an die Spitze der Belletristen neben Turgénev und Gončaróv gestellt hatte, ehe sie ihn in den Kot zerrte, und mit Leskov begann der tendenziöse Roman, der sich namentlich zwischen 1870 und 1880 austobte, und zwar in zwei scharf getrennten Lagern. Der »Belletage«-Roman der Reaktionäre aus dem »Russischen Boten« feierte den echtrussischen Helden, wie er die Ketten polnischer, jüdischer und nihilistischer Intrigen sprengt und ein neuer Ritter ohne Furcht und Tadel die Uvarovschen Ideale hochhält; die Romane des »Europäischen Boten« und der »Vaterländischen Memoiren« verherrlichten seinen Gegner, der schon als Knabe gegen ungerechte Behandlung von Vieh und Menschen protestiert und im Namen von Fortschritt und Humanität selbstlos sich aufopfert oder Triumphe feiert. Eines nur teilten diese literarischen Gegner, den Mangel an Talent, und dies begrub sie rasch in verdientem Vergessen werden.

Die Gunst des Publikums wandte sich einem neuen Stoffgebiete zu. Der Roman war bisher unbestrittene Domäne des Landadels und seiner Interessen wie Anschauungen; seine ländlichen Monrepos und Sanssouci die Hauptstätte der meist erotischen Aktionen. Die Bauernemanzipation von 1861 rückte dagegen den zahlreichsten Stand in den Vordergrund. Wohl hatten ein Grigorovič (in seinen Erzählungen à la »Onkel Toms Hütte«) und Turgénev an die Not des Leibeigenen gerührt; aber jetzt erst, durch die »Intelligenz«, wandte man sich an den Bauer als an den Träger des wiedergeborenen Rußland, und »nationale«, d. h. Bauernthemen, überschwemmten fortan die Literatur und sollten das Rätsel der russischen Sphinx lösen helfen, denn nun schien ja alles von dem befreiten Riesen abzuhängen. Die »Intelligenz«, oft aus dem Volke selbst hervorgegangen, führte nun zum ersten Male die niederen und niedersten Schichten in die Literatur ein: ihre unsägliche Not, ihr Verkommen in Hunger und Schmutz, ihr Ausgebeutetwerden, ihre Roheit und Unwissenheit, das graue Elend der Wege und Dörfer, Steppen und Wälder, der Vorstädte und Fabriken; dabei nichts von Auerbachs oder der G. Sands Bauernromanen, desto mehr von russischer Wirklichkeit. Ein Rešetnikov schrieb ja mit der Absicht, seine Podlipover Leute dem endemischen Hungertyphus zu entreißen; Pomjalovskijs Skizzen entsetzten die Welt über die vorsintflutlichen Methoden, nach denen die künftigen Seelsorger des Volkes nicht erzogen, sondern verprügelt wurden; nur der landschaftliche Reiz und die hellen Kinderaugen verschönten Levitovs Steppenbilder, während aus seinen schnapsduftenden Nachtasylbildern nur noch moralischer und physischer Untergang sprach. So wandte sich alle Aufmerksamkeit dem Bauer zu. Die »Intelligenz« strömte aufs Land; dieses überwucherte die Literatur und fand seinen Verherrlicher in Zlatovratskij, der an seinem Glauben an die alten »Fundamente« des Mir, an die patriarchalische Familienautorität, an die erzieherische Wirkung des Bodenbaues unerschütterlich festhielt. Eine besondere Note vertrat Melnikov (Pečerskij), der das eigenartige, traditionelle Leben der Altgläubigen in ihren Bergen und Wäldern, Klöstern und Kapellen anschaulich, nicht ohne Übertreibungen, schilderte und der Vergessenheit entriß; denn auch hier brach sich die Neuzeit durch, verwirrte Köpfe und Herzen und löste Zucht und Tradition auf.

Eine Klasse für sich bildete Michail Saltykov (Pseudonym: Ščedrin, 1826—1889), der größte russische Satiriker, einer der größten der Weltliteratur. Beamter, hat er zuerst das Beamtentreiben in der Provinz, vor den Reformen, in seinen »Gouvernementsskizzen« beleuchtet und damit die Losung für die gesamte »anklägerische Literatur« gegeben, die sich 1857—1860 breitmachte und die kleinen Diebe schonungslos hängte. Auf diesen ersten und lautesten Erfolg hin hat er dann durch ein volles Vierteljahrhundert der Gesellschaft den Spiegel ihres Tuns vorgehalten; nur trat der Moralist unter der Schellenkappe eines Narren auf. Er schuf sich der Zensur wegen eine besondere »äsopische« Sprache und mußte zu weitläufigen Auseinandersetzungen greifen, um sich verständlich zu machen; freilich wiederholte er sich ständig. Er liebte sein Rußland, auch im Auslande dachte er nur daran, und dieser Liebe entsprang sein großer Haß: er geißelte die Lauheit, Feigheit, Wandelbarkeit der Gesellschaft, ihren Autoritätsdrang, ihr Vergessen der elementarsten Moral, ihre seelische Unsauberkeit, die Praktiken ihrer Bevormunder (»Pompadoure«) und Aufpasser. Er schien von Natur aus zu galligem Schimpf geboren, nur wurde er nie persönlich; seine Satire mußte ihre Spitzen sorglichst umwickeln, und hinter seinem lautesten Lachen hört man tiefstes, herzzerreißendes Schluchzen. Wenn er die »Geschichte von Dummsdorf« (Rußland) schrieb, so traf er die Eigenschaften russischen Wesens überhaupt, ja nicht die einer bestimmten Zeit oder Persönlichkeit, und nur zum Schlusse gab es eine Apotheose, als sein Held (Nikolaus I.) die Hände zusammenschlug, wie er die Fluten (europäische Gedanken) alle seine Dämme niederreißen sah. Er handelte hauptsächlich von der Intelligenz in ihrem Kampf mit der eigenen Schwäche und mit der Regierung und streifte nur gelegentlich andere Stände, den Geistlichen als Denunzianten des Lehrers, den Bauer als Opfer des Dorfwucherers und seines eigenen Leichtsinnes. Sonst hielt er sich an Adel und Beamte, an »Taschkent« (die Ausbeutung der Provinzen) und »Genauigkeit« in der Ausführung der Weisungen von oben, die den pflichttreuen Beamten zum Mörder stempeln, von dem sich die eigenen Kinder mit Entsetzen wenden und zum Selbstmord greifen, lauter echtrussische Tragödien, die dicht an die Posse grenzen. Er wiederholt den Typus des »reuigen Edelmannes«, der sich der unsagbaren Schuld aller der Generationen von Sklavenhaltern wohlbewußt, sich doch nicht von ihr lossagen kann und zusammenbricht. Der sonnige Humor der Südrussen, eines Gogol und Leskov, ist ihm fremd; seine Sarkasmen erschüttern das Zwerchfell, schlagen aber stets in Tragisches um. Er versuchte alle möglichen Arten, schrieb Tierfabeln, Allegorien von packender Schärfe (»Das triumphierende Schwein«, »Das Gewissen ist verschwunden«), Tagebücher, Briefe (»An meine Tante«, d. i. Rußland) und war als Publizist im Einhämmern von Binsenwahrheiten in die Schädel der Leichtlebigen, Vergeßlichen unermüdlich. Mit größtem Erfolg betrat er auch rein belletristisches Gebiet, so wenn er auf seine alten Tage seine Jugenderinnerungen niederschrieb (»Die alten Zeiten von Poschechonien«) oder das Fegefeuer eines solchen Monrepos schilderte, in dem der Kampf aller gegen alle nur für ein paar Stunden im Jahr, in der Osternacht, unterbrochen wurde. Aber die Fortsetzung dieses Poschechonierlebens hatte er schon in seinen »Die Herren Golovljov« (1870) gegeben, wo das Fegefeuer des Monrepos zur Hölle ward, ohne einen einzigen lichten Schimmer: das düsterste Nachtstück nicht nur der russischen Literatur. Eine geniale, wenn auch stark einseitige Begabung blieb sich ihr Leben lang treu, ging keine Kompromisse ein, und als ihm gegen sein Lebensende hin sein Teuerstes, seine Monatsschrift, für immer verboten wurde und er zu einem lebenden Leichnam verurteilt schien, erging er sich nur in Klagen und Vorwürfen gegen sich selbst, daß er sich mit dem bloßen Künden der Wahrheit begnügt hätte, nicht zur Tat geschritten wäre, als ob irgendeine Tat diese seine Tätigkeit hätte aufwiegen können.

Von der überwältigenden Fülle des Romans stachen die anderen Gebiete stark ab. Im Drama, dem Leidenskinde slavischer, nicht nur russischer Literatur, schuf allerdings Bedeutendes Aleksandr Ostrovskij (1823—1886): nicht nur wie die Gribojedov, Gogol, Pisemskij (»Bitteres Los«, das beste Bauerndrama vor Tolstoj) ein einziges Stück schaffend, sondern ein ganzes Repertoire: mehrere Dutzend eigener Stücke und andere Dutzende mit Mitarbeitern, endlich Bearbeitungen fremder Stücke, der einzige russische Autor, der nur vom Theater und nur fürs Theater lebte, trotz aller Erschwernisse, die ihm Zensur und Theaterdirektion bereiteten. Seine Stücke sind von gar ungleichem Wert; bleibenden haben seine ersten, einem ganz bestimmten Milieu entnommenen. Am Moskauer »Kammergericht« hatten Vater und Sohn das vorsintflutliche Leben und Treiben der Kaufmannschaft kennengelernt, die unsaubern Praktiken, die ausschließliche Verehrung von Geld und Macht, brutalste Autokratie im Kreise der Familie und Angestellten, patriarchalische Roheit und Unwissenheit — ein wahres »Reich der Finsternis« mit eigener Astronomie (die Erde auf vier Walfischen), Politik (vom »weißen Arabien«), Medizin (Besprechungen) und Nationalökonomie (Kopeken, dem Arbeiter entzogen, schaffen die Rubel dem Herrn). Diese Welt ohne Treu und Glauben, ohne Wissen und Fähigkeit kurz vor ihrem Verschwinden abgezeichnet und das Unsympathische, ja Abstoßende dieser Tyrannen, Obskuranten, Egoisten durch seinen Humor, die wunderbar echte Sprache, den eigenartigsten Realismus gemildert und durch einzelne Ausnahmeerscheinungen verschönt zu haben, war ein unbestrittenes Verdienst. Das Verzichten auf alle theatralischen Mätzchen, die treffliche Charakteristik der handelnden Personen, der Dialog von unübertroffener Natürlichkeit ließen die lose, bequeme Schürzung des dramatischen Knotens vergessen. Seine Freude am Urwüchsigen und sein Protest gegen europäischen Firnis auf asiatischer Verkommenheit ließen den Unbefangenen eine Zeitlang als Slawophilen erscheinen. Die späteren, bürgerlichen Stücke aus der Provinz, vom Theaterleben, vor allem jedoch von der Jagd nach dem »tollen Gelde«, das wie gewonnen so zerrinnt, können trotz einzelner wirkungsvoller Typen und Szenen nicht mehr gegen jene ersten Kaufmannsdramen aufkommen, die förmlich wie Pilze der russische Boden selbst herausgebracht hatte. Und noch belangloser waren seine historischen Maschinen — Deklamationen und salbungsvolle Dialoge statt Handlung —, die er natürlich Rußlands bewegtester Zeit, den »Wirren« nach den Demetriustagen, entnahm. Hier lief ihm bei weitem die Trilogie des Grafen Aleksej Tolstoj (1817—1875) den Rang ab. Den Grandseigneur im Leben wie in der Kunst zog trotz seiner Verachtung der Moskauer Autokratie ihre Verkörperung, Ivan der Grausame, mächtig an; auch sein, namentlich in archäologischen und ethnographischen Einzelheiten äußerst anschaulicher, wohlgelungener Roman »Fürst Serebrjanyj« war ja dieser Zeit entnommen. So entstand sein dramatisches Werk: der erste Teil, Ivans Tod, der dramatisch bewegteste; der zweite, vom frommen Idioten auf dem Zarenthron, eine psychologisch interessante Studie; der dritte Teil, da Godunows Ehrgeiz endlich sein Ziel erreicht, der unbedeutendste. Doch ging der Graf nicht darüber heraus. Anders Ostrovskij, der seine ganze Tatkraft in den Dienst des Theaters stellte, sich auf allen Gebieten versuchte, sogar im sonnigen Märchenstück, und selbst eine Theaterschule begründete, um zu einer Reform der russischen Szene zu gelangen; hier hat er Bleibendes geschaffen.

Am wenigsten beachtet blieb lyrische und epische Poesie, mochte sie noch so glänzende Vertreter aufweisen. Die »Intelligenz« hatte (zumal durch Pisarev) Puškin in Bann getan, und dieses Scherbengericht ließ keine Poesie aufkommen, außer wenn sie sich in den sozialen Dienst stellte, Fortschritt, neue Ideen oder den Bauer verherrlichte und das Alte in Acht und Bann tat. So wurde mit einem Male populär und überstrahlte alle Dichter, sogar Puškin, Nikolaj Nekrasov (1821—1887), ein bedeutendes Talent, das heute allerdings vergessen wäre, wenn es sich auf die Tendenzlyrik beschränkt hätte, die ihm einst den Zulauf schuf. Aber Nekrasov war leidenschaftlicher Jäger — keine andere Literatur der Welt zählt unter ihren Koryphäen so viele Jagdliebhaber, wie die russische, Turgenev, Tolstoj, Nekrasov sind die bekanntesten. Dies brachte ihn auf wochenlangen Streifen mit dem Bauer in Berührung, und seine ländliche Muse, mag auch sie nicht frei von Tendenz sein, schuf sein Wertvollstes: Schilderungen von Land und Leuten, des Bauern und seiner Leiden und Freuden, Verherrlichung der Bauernfrau und ihres mannhaften Kampfes mit Hunger und Frost; wie die Bauern die Frage aufwerfen, wem es sich denn in Rußland gut lebte und wie sie das Land abpilgern. Diese Bauernepik mit ihren unübertroffenen Naturbildern und echten Volkstönen, in heiterer Sonnenpracht oder in düsterer Nacht der Verzweiflung, steht hoch über seinen bestgemeinten, aber schwach ausgeführten Verherrlichungen der Dekabristenfrauen, die ihren Männern aus ihren Palästen nach Sibirien folgten oder über seinen Anhimmelungen von Bjelinskij und Dobroljubov, seinen satirischen Ausfällen gegen die Machthaber und seinen Anpreisungen bürgerlicher Tugenden und des Fortschrittes. Starke Töne fand er außerdem in Selbstanklagen seines gar zwiespältigen Wesens, in der Beichte eines Kindes der Zeit. Gedankliches und Stoffliches, nicht Melodisches war seiner Lyrik Verdienst.

Den geborenen Lyrikern blieb nichts anderes übrig als trotz der Gleichgültigkeit oder Feindseligkeit der Jugend ihre Gabe zu pflegen. Zu solchen gehörte Graf Aleksej Tolstoj, der vielseitig wie Puškin sich seine Stoffe aus allen Zeiten und Ländern holte, der bedeutendste Balladendichter, ob er nordische oder heimische (Bylinen-) Stoffe verarbeitete, im romanischen oder byzantinischen Mittelalter sich bewegte, und der daneben modernen Strömungen, mochten sie von rechts oder links kommen, Katkov wie den Nihilisten, den Fehdehandschuh hinwarf und in humoristischen Grotesken Land und Leute parodierte, namentlich aber für eigene, innige Gefühle ergreifenden Ausdruck fand. Andere Lyriker dagegen wichen allen Kämpfen aus. Der bedeutendste war Afanasij Fet (Šenšin, 1820—1892), der ausgeprägteste Lyriker aller Zeiten, der in seinem langen Schaffen (außer Übersetzungen römischer Klassiker) nie etwas erzählt hat, nur Eindrücke und Stimmungen wiedergab und Gedichte ohne ein einziges Zeitwort darin schrieb. Er gab sich dem Naturgenuß hin, halb Pantheist, halb Sybarit, pflegte zarte Erotik, begleitete auf allen Lebenspfaden den Sinnigen, deutete ihm seine Regungen — alles in subjektivster Weise auf sich selbst beziehend, persönlich, der Gelegenheit, dem Moment dienend und doch für immer schaffend. Der »Intelligenz« fehlte einfach das Organ für das Verständnis dieser Kunst, die der Kunstsinnige bewundert; sie beachtete den Dichter nicht oder lachte ihn aus.

Weniger einseitig, aber auch weniger bedeutend waren seine Zeit- und Kunstgenossen, Apollon Majkov (aus einer Künstlerfamilie, 1821—1893) und Jakov Polonskij (1820—1897). Jener, Nachahmer der klassischen Anthologie, hat in Nachdichtungen der Antike, in dramatischen Dialogen, z. B. »Zwei Welten« (die heidnische und christliche im Rom Neros), Bleibendes geleistet. Dieser, ungleich vielseitiger, hat in einfachen Liedern fürs Volk und die Kinderwelt, in reizenden Tierepen (zumal in dem wunderzarten, kurzen vom »Musizierenden Grashüpfer«; weniger in der ausführlichen, tendenziös aufgebauschten Hundegeschichte), in Balladen sowie im Lyrischen und Tiefgefühlten (z. B. von der Nihilistin: er, der Zensor!) die Gleichgültigkeit der Zeitgenossen zu überwinden vermocht. Daneben gab es viele Unbedeutendere, die tendenziös den Fortschritt feierten oder Volksweisen nachahmten oder rege übersetzten (Heine!). Bei weitem der tiefste und daher verkannteste, ein genialer Dilettant, war Fjodor Tjutčev (1803—1873), ein Bekannter noch von Goethe und Heine, Verfasser von ein paar hundert kurzen Lyriken, imponierend nach Form wie Inhalt, halb Pantheist, der die farbigen Hüllen zurückschlug, die der Tag über Nacht und Grauen mitleidsvoll ausbreitet. Und wie im Roman, so feierten auch in der Lyrik Landedelleute ihre letzten Triumphe, voll Naturgefühl, diskret, vielfach in den dem Russen so eigenen Mintortönen, nicht ahnend, wie nahe ihr Untergang war.

Sechstes Kapitel.

Dostojevskij und Tolstoj.

Die vielen, oft erstklassigen Talente der Zeit überragten zwei geniale Deuter russischen, ja menschlichen Lebens überhaupt, der Graf Leo Tolstoj (1828—1910) und der Proletarier Fjodor Dostojevskij (1821—1881). Den einen überschüttete das Los mit allen seinen Gaben; er schritt durchs Leben in ungebrochener Kraft bis in späteste Jahre wie ein Patriarch des Alten Testamentes; er schien ausersehen, als Olympier über Menschen zu thronen, doch zog es ihn stets zu ihnen in platteste Alltäglichkeit herab, über die ihn nur sein schriftstellerisches Genie hinaushob; der andere, bettelarm, unheilbar krank, Zuchthäusler, durch fremde Schuld zu Tode gehetzt, von seinem höchsten Aufstieg jäh weggerafft. Der eine, unübertroffener Realist, alles deutlich sehend und klar komponierend, direkt auf sein Ziel lossteuernd; der andere in einem Chaos von Gestalten und Gedanken mit überwucherndem Beiwerk und immer nur in einer wie visionären, unwirklichen Welt sich bewegend, unter Gespenstern, nicht Menschen. Der eine ward Rationalist, Atheist, Anarchist; der andere Hellseher, Mystiker, Slawophile. Der eine pries das Leben, es graute ihm vor dem unabwendbaren Ende, er ging durch Licht zur ewigen Nacht; der andere fürchtete des Lebens Ungebundenheit, steckte über dieses seine Ziele und schritt durch Nacht zum Licht. Weltberühmt der eine, der andere wie bedeutender, so verkannter. Kenner Rußlands versuchten Land und Leute aus Dostojevskij oder aus Tolstoj allein zu deuten, was abzulehnen ist; beide ergänzen einander zum geistigen Russen, aber erst ein Tatmensch wie Peter der Große schließt vollends die Kette.

Dostojevskij war Vorläufer jener »Intelligenz«, deren grimmigster Feind er wurde. Seine erste Erzählung handelte von »Armen Leuten«, und diesem Thema blieb er treu, gehören doch zu den »armen Leuten« alle die Verstoßenen, Unglücklichen, Kranken, alle die Idioten, Maniaken, Verbrecher, alle die Hysterischen, Verzückten, Selbstmörder, die er schildert wie niemand vor oder nach ihm. Frauen spielen bei ihm Nebenrollen; rührendste Kindergestalten, zumal frühreife, verschüchterte, schuf er mit außerordentlicher Kraft. In jener ersten Erzählung, die Bjelinskij entzückte, steckte schon der ganze Dostojevskij: der Dichter des Proletariates der Städte, für den Land und Natur nicht existierten; der Dichter der Verkannten und Verachteten, Lächerlichen und Verworfenen, in deren Aschenhaufen er das glimmende Fünkchen wahren Menschenadels aufspürte und anfachte zu heller Flamme, in der sie sich verzehrten, zur tiefsten Beschämung der Satten und Gerechten; der Dichter, der in den erschütterndsten Szenen (der vor Schmerz wahnsinnige Vater hinter der Leiche des Sohnes, die Bücher unter dem Arm, den Hut vom Kopfe verlierend) die Nerven des Lesers peinigte. Nur war diese Erzählung einfach komponiert, durchsichtig, was von seinen späteren nicht mehr galt, wo er im hastigsten Schaffen, durch Not getrieben, während des Druckes neue Probleme aufgriff und nicht mehr durchzuführen vermochte, oder wo er sich in der Verdunkelung des Tatbestandes gefiel, nur langsam die Vorhänge auseinanderschlug und den Leser wie absichtlich im Dunkeln tappen ließ: eine russischem Schaffen völlig fremde Art, die er französischen Schauerromanen nachahmte. Und kein einziger persönlicher Zug war in dieser ersten Erzählung wie in allen folgenden (bis auf unbedeutendste Ausnahmen), im scharfen Gegensatz zu Tolstoj, der immer nur von sich erzählte, ob er sich als Irteniev, Nechludov, Olenin oder Levin vermummte.

Das Vorlesen des Briefes von Bjelinskij an Gogol und ähnliche »Verbrechen« führten ihn 1849 aufs Schafott und begnadigt ins Zuchthaus, rissen ihm die zehn besten seiner Jahre aus dem Leben. Seine hier gewonnenen Erfahrungen verarbeitete er in den »Aufzeichnungen aus dem toten Hause«, einem Beitrag zur Kriminalogie, mit neuen, richtigeren Auffassungen von Verbrechen und Strafe, voll von erschütternden Szenen aus altsibirischen Gefängnissen, aufgenommen eben, ehe sie für immer verschwinden sollten; er schrieb sie nieder, menschlicher Gesellschaft zurückgegeben, ohne Übertreibung, ohne Sentimentalitäten, als ein großer Realist. 1866 folgte das bestkomponierte Werk »Verbrechen und Strafe« (der Schlußteil »Reue« blieb ungeschrieben) mit der Schilderung: wie ein »Intelligenter« sich zu dem Axiom »alles ist erlaubt« hindurchgrübelt und altruistischen Motiven nachgehend sich zum Verbrechen fortreißen läßt, wie sich dies an dem vermeintlichen Übermenschen rächt und ihn bis zum Aufsichnehmen der Strafe treibt, ohne daß Umkehr in ihm vorginge oder er sich mit seinem Schicksal aussöhnte. Schon hier begründete er seine Auffassung von menschlicher Willensfreiheit, von wohltätiger Zucht der Dogmen und der Moral, von dem sie ablehnenden »Übermenschen«; aber noch griff er sein und das zentrale Problem russischen Denkens überhaupt nicht auf. Eine Ablenkung schien sein »Idiot« (1870) zu bedeuten, in dem die aufgeregten Leidenschaften zweier gleich unbeugsamer Widerspieler über den herzensreinen, engelmilden Idioten zusammenschlagen, ihn und sich selbst verzehrend. Dagegen trat es deutlichst hervor in den »Teufeln« (1871) des Evangeliums, die der Heiland in die Schweineherde bannte; Hauptmotiv und Einzelheiten lieferte der große Nečajevprozeß, den die Regierung absichtlich in breitester Öffentlichkeit verhandeln ließ. Dostojevskijs Stellung war von vornherein klar. Die revolutionären Umtriebe verachtete er und machte Schwäche und Kopflosigkeit der Regierung dafür verantwortlich. Den Nihilismus haßte er als Verrat an Rußland, als eingeblasen nur vom europäischen gröbsten Materialismus, als wüste Ableugnung alles Nationalen und ließ ihn als direkte Frucht des alten Liberalismus von 1848 diesen selbst mit verurteilen. Er zeichnete die Leichtfertigkeit, Gewissenlosigkeit, Herrschsucht des Hauptmachers, der die Behörden wie Anhänger gleich mystifiziert und sich beizeiten in Sicherheit bringt. In Wirklichkeit traten in den Vordergrund des äußerst verworrenen Geschehens die beiden Gottsucher, Šatov, der sich zum einfachsten, daher wahrsten Volksglauben zurückfinden will, und Kirilov, der den Verrückten spielen muß, auf daß die Zensur seine Gotteslästerungen durchließe, gegen den alten Gottmenschen der neue Menschgott. Und dieselben Probleme, nur auf ungleich breiterer Grundlage und ohne jede politisch-revolutionäre Zuspitzung, griff sein letztes Werk »Die Brüder Karamasov« auf. Es ist Torso geblieben. Der Hauptteil fehlt, wie der tiefgläubige Aleksej Karamasov, der ins Kloster eintritt, aber von seinem Seelsorger in die Welt hinausgesandt wird, hier seinen Glauben verliert und wiederfindet, der große Ungläubige. Nur der Vorbau ist ausgeführt: die Schilderung der Familie, des verkommenen Vaters und seiner würdigen Söhne, neben dem Gewaltmenschen, dem Instinkttier Mitja, der Atheist und jenseits von Gut und Böse stehende Grübler Ivan, der die schärfsten Anklagen gegen das dogmatische Christentum formuliert, alles für erlaubt hält und so den Vatermord wie heraufbeschwört. Die gerichtliche Ahndung des Verbrechens an dem Unschuldigen gibt Anlaß zur Verhöhnung der »Justiz« und zu den glänzendsten Plädoyers von Staatsanwalt und Advokaten; eine Menge Nebenpersonen und Nebenaktionen umrankt das Hauptthema. Und wieder finden sich die schier endlosen Auseinandersetzungen über Christus und die offizielle, aber römische Kirche, über Vorsehung und Willensfreiheit, über Weltflucht und Versuchungen, über das Schwanken des zwiespältigen, zerrissenen Menschen zwischen Hölle und Himmel, in phantastischen Dialogen ausgesponnen. Besonders bitter wird der Mangel an ausgleichender Gerechtigkeit gleich hier auf Erden empfunden, aber alle Zweifel und Skrupel müssen vor dem Dogma von der persönlichen Unsterblichkeit, also einstigen Wiedervergeltung zurücktreten. Und immer deutlicher wird der asketische Grundzug des Dichters. Klosterszenen eröffnen nicht zufällig das Werk. Die Rückkehr zum Glauben erscheint allein als Rettung für die sündige Menschheit. Wäre dies alles, würden wir enttäuscht sein. Aber genaueste Kenntnis des Menschen, tiefstes Eindringen in alle seine Nöten, blitzartiges Beleuchten seines verworrenen Trieblebens und die merkwürdigsten Aufschlüsse für Psychologie und Psychopathologie fesseln unwiderstehlich an die langatmigen, echtrussischen Erörterungen der »verwünschten Fragen«, an denen der europäische Belletrist als an unlösbaren gleichgültig vorübergeht, die aber den Russen nicht loslassen, wie an das oft wunderliche, jedoch immer interessante Beiwerk. Und in den Vordergrund tritt die Notwendigkeit, ja Ersprießlichkeit des Leidens, ohne das kein Leben voll wäre, die Bekämpfung des Hedonismus, die läuternde Macht des großen Schmerzes, der starken Reue und Zerknirschung, die felix culpa des Kirchenvaters.

Auch als Publizist, zumal seit 1876, war Dostojevskij eigenartig, unabhängig und riß nur einmal alle fort, als er 1880 in der großen Puškinrede diesen als Symbol des allumfassenden, allverstehenden, alle Gegensätze ausgleichenden russischen Geistes mehr herbeiwünschte als auslegte. Im Gegensatze zu Slawophilen, namentlich aber im Gegensatze zu Tolstoj verehrte er gläubig die »Wunder des Westens« und seiner Kultur, bei aller Verachtung politischen oder gar parlamentarischen Lebens. Niemals wäre er wie Tolstoj verbauert; er schätzt wohl das »graue Bäuerlein« als den eigentlichen Träger Rußlands und seiner Mission, aber nicht zu ihm heruntersteigen, ihn zu sich hinaufzuziehen galt ihm als Ziel. Wegen seiner Orthodoxie, ob sie auch manchem erquält und erzwungen schien, wegen seiner Slawophilie, wegen seiner »Teufel« verbannte ihn die »Intelligenz«. Noch in dem besten ihrer kritischen Berater, in K. Michajlovskij, ist dies wohl zu spüren; und fast grotesk nimmt sich bei dem revolutionären Fanatiker Fürst Krapotkin oder bei dem Doktrinär Skabičevskij die Meinung aus, als wäre erst übers Ausland — wie imponierte einem Nietzsche der Russe! — Dostojevskijs Wert erkannt worden. Rein als Künstler betrachtet (was höchst einseitig, ungerecht wäre) war er sehr ungleich. Seine Menschen hören wir nur, wir sehen sie nicht recht (umgekehrt bei Tolstoj); die Komposition war vielfach mangelhaft, weil unausgetragen. Nur reißt über alle diese Bedenken sein genial-unheimliches Können fort.

Wie Dostojevskij trat auch Tolstoj in seinem Anfängerbuche gleich so auf, wie er sich zeit seines Lebens betätigte, mochte auch manches nur keimen, was sich später entfalten sollte. Schon hier fiel auf sein unerbittlicher Wahrheitsdrang: sich über sich selbst klar zu werden, sich nichts vorzutäuschen und sich selbst stets anzuklagen; schon hier finden sich die »verwünschten Fragen« nach Zweck und Sinn des Lebens, die schon der Knabe erfaßte, ohne sie lösen zu können; und ebenso das Streben nach Vervollkommnung und nach moralischer Erhebung, das Verknüpfen der äußeren Reflexe mit den inneren Vorgängen, d. i. der echte künstlerische Realismus, der auf bloßes Registrieren und Protokollieren verzichtet. Sogar der Stil, etwas lässig, ohne jede Zuspitzung, blieb sich auch später gleich. Es war dies die Geschichte seines eigenen »Kindheits-, Knaben-, Jünglingsalters« (1852—1857), viel Wahrheit und etwas Dichtung, in der Weltliteratur die erste vollständige Analyse einer Knabenseele. Das zeitgenössische Publikum, die Kritik der »Intelligenz« hatte dafür keinerlei Verständnis; Fortschritt und Reformen, beide Tolstoj gleichgültig oder verhaßt, hielten sie ja in Atem. Es folgten weitere Bekenntnisse eines Kindes, nicht des 19. Jahrhunderts, sondern eines der Natur, eines enthusiastischen Verehrers von J. J. Rousseau, dessen Werke schon der Knabe verschlungen hatte. Dabei ergab sich eine starke Korrektur: den jungen Gutsherrn hatte der unterwürfige, verschlagene, faule Leibeigene stark enttäuscht; aber in dem Bauernsoldaten, auf dem Kaukasus wie vor Sebastopols Feuerschlünden, lernte er dessen Pflichttreue, Mannhaftigkeit, Besonnenheit bewundern; wie fiel die eitle Ruhmsucht der Offiziere gegen diesen einfachen Heroismus ab! Und schon hier lernte Tolstoj sich, seine Standesgenossen und ihr Leben verachten. Namentlich in der Eigenart des Kaukasus, unter den »Kosaken« (1861), war in ihm Ekel vor dem unwahrhaften gesellschaftlichen Treiben aufgestiegen. In pantheistischen Anwandlungen schien der Rousseaujünger für immer den Staub der Salons von seinen Füßen schütteln zu sollen, um das Leben mit Naturmenschen, das rein triebmäßige, als allein lebenswert aufzufassen. Doch siegte diesmal noch die alte Gewohnheit, und er war wieder zu der verachteten Gesellschaft heimgekehrt.

Eine glückliche Neigungsehe führte ihn aufs Land, und in dessen Stille entstand sein Hauptwerk, »Krieg und Frieden« (1864—1867), eine Epopöe in Prosa, halb Familienchronik, halb Zeitgeschichte. Die unerschütterliche Objektivität und Ruhe des Epikers — sogar mit Vergleichen und Wiederholungen im homerischen Stil — täuschte; es war ein äußerst kompliziertes Werk. Fortschritt, Politik verabscheute Tolstoj, aber das letzte große politische Unternehmen der russischen Gesellschaft, der Dekabristenputsch, war unzertrennlich mit den Namen seiner nächsten Familienangehörigen verbunden. Das Studium dieser Erhebung führte ihn folgerichtig zu dem Wendepunkt in Rußlands Geschichte, zu den Napoleonischen Kriegen. Zugleich erwachte in ihm der Wunsch einer neuen Geschichtskonstruktion, die im Gegensatze zur landläufigen nicht die titulierten »Heroen«, sondern die Massen als eigentliche Lenker der Geschicke auftreten und die Heroen nur so lange gelten ließ, als sie diesem Masseninstinkt nachgehen und in orientalischem Fatalismus auf ihren Eigenwillen verzichten. Daher gelangte er zu einer unbedingten, ungerechten Herabsetzung des Komödianten auf dem Cäsarenthron. Die lebendigste, farbenfroheste Darstellung alles Geschehens in Krieg und Frieden, im Generalstab und in den Ministerialbureaus, auf dem Lande und in Moskau ergötzte die Menge. Ihn selbst ließen wieder die Fragen nach Zweck und Sinn des Lebens, das ja der Tod zu einem unsinnigen, zwecklosen mache, nicht los; wie schwanden in Fürst Andrejs Augen in nichts die Eitelkeiten des Lebens vor dem Todesgrauen, und der einfache, gutgeartete Triebmensch Karatajev schien ihm die beste Lösung des Lebensrätsels gefunden zu haben. Die Kritik der »Intelligenz« versagte völlig; Pisarev besprach den Roman nur als die merkwürdige Geschichte von Leuten, die ohne welches Wissen, Können, Arbeiten in Saus und Braus leben durften.

Nach einer langen Pause folgte sein zweiter, diesmal zeitgenössischer Roman, »Anna Karenina« (1876—1878). Ein Doppelroman: zwei voneinander völlig unabhängige Handlungen verlaufen parallel, in einander ablösenden und abtönenden Einzelheiten, als ginge es dem Dichter förmlich um den Gegensatz sündiger und rechter Liebe. Die schöne, stolze Frau büßt ihre Verirrung auf den Schienen der Eisenbahn, ohne ungetrübtes Glück genossen zu haben, weil sie sich über den Kanon der Moral hinweggesetzt und ihr Glück auf dem Unglück ihres Mannes aufgebaut hatte. Lenin und seine Kitty leben in der glücklichsten, zufriedensten Ehe: sie ganz in ihren vielseitigen Pflichten, er schließlich wieder von den bangen Fragen gepackt, deren einzige mögliche Lösung der gutgeartete Mann aus dem Volke kennt.

Erst in den Schlußteilen dieses Romans kam zu vollem Ausdruck, was bisher im geheimen, in Geistes- und Gewissenskämpfen den Dichter quälte: der völlige Unglaube an Kultur, die nur den materiellen Fortschritt, den behaglichen Lebensgenuß der oberen Schichten auf Kosten der Mühen und Entbehrungen der Massen sicherstelle; die Sinnlosigkeit des egoistischen Einzellebens, das der Tod jeden Augenblick zerstöre; die Notwendigkeit, mit und für die anderen zu leben, der Altruismus, der sich nicht mit bloßen Almosen abspeisen läßt; ein Aufgeben des unvernünftigen Lebens mit seinem Mord der Haustiere, unserer Freunde, mit seinen sinnverwirrenden betäubenden Genüssen, dem Alkohol und Nikotin, mit seinen Festessen, die für Kannibalen, nicht für gesittete Menschen paßten. Es war dies die sogenannte »Umkehr« des Grafen, die in einer langen Reihe von Schriften, von denen manche nur im Auslande gedruckt werden konnten, die Andeutungen des Romans ausführte und rechtfertigte. Es war die Rückkehr zum Rousseauschen Naturleben sowie zum reinen, von Dogmen und menschlichen Zutaten geläuterten Evangelium, die der staunenden, ungläubigen Welt von Jasnaja Poljana aus gepredigt wurde. Es verband sich damit von selbst die Verurteilung des bisherigen eigenen Lebens, der eigenen schriftstellerischen Tätigkeit, die nur auf reiche Honorare und eitlen Ruhm gezielt hätte, und wie alle diese Selbstverleumdungen lauteten. Jetzt zerbrach der Dichter seine Feder, die für die Gebildeten geschrieben hatte, und griff nach der fürs Volk allein, um in Bearbeitung alter Legenden und Allegorien ihm die gottgefälligen Wege zu weisen. Der bisher verkannte Dichter (nur slawophile Kritiker wie Dostojevskij und Strachov, oder wahre Künstler wie Fet und Turgenev, hatten ihn voll gewürdigt; für die »Intelligenz« war er fast nur »mondäner« Erzähler) erregte durch diese Predigten, die namentlich auch jegliche Anwendung von Gewalt auch gegen das Böse selbst, also Todesurteile, dann alle Kriege als unchristlich verdammten, durch dieses scheinbar neue, in der Tat uralte Evangelium der Bergpredigt das größte Aufsehen. Es fanden sich naive, begeisterte Seelen, die sofort das Wort in die Tat umsetzten, Tolstojgemeinden begründeten, nur von Handarbeit lebten und jeden Luxus abschworen; doch nahm an dieser Bewegung der Dichter selbst keinerlei persönlichen Anteil. Er war vor ein schweres Dilemma gestellt: aus seiner Lehre folgte für ihn das Aufgeben seines behaglichen Heims, der Verzicht auf persönliches, reiches Vermögen, das Sichbescheiden mit dem Geringsten, aber dies widerstrebte den Interessen der zahlreichen Familie, die in seiner eigenen Frau ihren energischsten Vorkämpfer fand. Die Entscheidung in diesem Dilemma hat nach allerlei Anfällen der Dichter erst kurz vor seinem Lebensende getroffen, als er endlich Jasnaja Poljana den Rücken fluchtartig kehrte.

In diese fast dreißigjährige Periode schwerer innerer Kämpfe fiel auch die Wiederaufnahme seiner belletristischen Tätigkeit. Er schrieb ja erst nur fürs Volk, und seine Schriften fanden millionenhaften Absatz. Das bedeutendste war darunter die Bauerntragödie »Die Macht der Finsternis«. Finsternis ist Unkenntnis des Lichtes, des Guten, das Überhandnehmen des Bösen, das den törichten Menschen umschmeichelt, verführt und vom leichten ersten Abweg auf immer weitere treibt, wo er zugrunde geht, wenn nicht späte Reue die Umkehr erzwingt, das verübte Böse büßen läßt; der unübertroffene Realismus dieser Szenen erschütterte und läuterte. Aber Tolstoj war stets in Bildern zu denken veranlagt; im Rahmen einer Erzählung hoffte er stets volle Klarheit über jedes Problem zu erzielen und mußte folgerichtig die Feder wieder ergreifen, um seiner Auffassung von geschlechtlicher Moral (»Kreuzersonate«), vom Leben und Sterben (»Der Tod des Ilja Iljič« u. a.), auch seinem Spott über moderne Gesellschaft und ihr mystisches Treiben (Komödie: »Früchte der Aufklärung«) Luft zu schaffen. Das ausführlichste war der Roman »Auferstehung«, das Werk eines Siebzigjährigen (1900) von erstaunlicher Frische, die Geschichte einer Jugendsünde und ihrer verhängnisvollen Folgen, die der schuldige Unschuldige mit dem Opfer seiner Lebensstellung büßen will, was jedoch von der unschuldig Schuldigen abgelehnt wird; die Einzelheiten sind von erschütternder Wahrhaftigkeit, die schonungslos alles ahndet, dem Ingrimm des Verfassers auch gegen die Vertreter der offiziellen Kirche freien Lauf gibt. Nur fällt die bequeme, nicht recht überzeugende Lösung auf; diese »Auferstehung« könnte sich auch als nur vorübergehende Anwandlung erweisen.

In die außerordentlich angespannte Tätigkeit des Dichters, der in politischen Fragen das Wort ergriff, gegen seinen Ausschluß aus der Kirche protestierte und von allenthalben um Äußerungen in Sachen von Individuen und Völkern angegangen wurde, fielen Novellen, Skizzen, Dramen, die halb vollendet oder nur begonnen sein Nachlaß ans Tageslicht brachte. Man konnte hier anstaunen die posthume Abrechnung mit dem »Palkin«, dem »Prügler« (Nikolaus I.), dessen Erwähnung der Dichter früher aus dem Wege gegangen war und dessen Methoden wie Grundsätze er jetzt schonungslos verdammte, als wollte er die seiner Jugendzeit (ohne daß er je persönliches Opfer gewesen wäre) zugefügte Unbill rächen. Dann zwei Dramen, die man in ihrem halbvollendeten Zustand mit großem Erfolg auf die Bühne brachte. »Der lebende Leichnam« war in seinem Hauptteil eine Verspottung menschlicher Justiz, deren Pedanterie zu Unsinn führen würde, wenn nicht der gesunde Menschenverstand eines ihrer Opfer den einzig möglichen Ausweg gewiesen hätte. Das andere, »Und das Licht leuchtet in der Finsternis« (Worte des Johannesevangeliums), ist die allergenaueste, rücksichtslos offene Nacherzählung der eigenen Lebenstragödie: der steten Kämpfe mit

Frau, Kindern und Verwandten, des Zurückweichens im entscheidenden Augenblick, der Unfähigkeit zu eigenem Martyrium, des Heraufbeschwörens eines solchen für andere; nur Namen und einiges Beiwerk sind erfunden, sonst alles allerpersönlichste Beichte und fern von jedem Versuche einer Beschönigung der eigenen Schwäche.

Tolstoj verkörpert förmlich die Geradlinigkeit und den Radikalismus des echten Russen. Er scheut vor keiner Konsequenz zurück, kennt keine Rücksichten, Hemmungen, Überlieferungen; er ist überzeugt, daß der persönliche Wandel der Individuen, ihre moralische Vervollkommnung sich wie von selbst, nach gewonnener besserer Einsicht (und diese bringt er ja bei), einstellen und die Welt veredeln, verchristlichen wird. Askese ist ihm fremd, ja feind; er ist die verkörperte Lebensbejahung und Lebensfreude, freilich eine vernünftige, zu der alle, nicht nur die Begüterten, geladen sind. Er erkennt nichts an, was nur für die Wenigen, Gebildeten erreichbar wäre; daher seine Verurteilung der Kunst, sowie sie nicht im Dienste aller aufgeht, eine Verurteilung, die an Pisarevs Jugendsünden erinnern könnte. Sein Geist des Widerspruches gefällt sich in Paradoxen, überprüft alles und übergeht, was ihm nicht paßt, ohne es erst zu widerlegen. Seine Gedanken waren neu für Rußland, nicht für Europa; neu war die plastische Ausführung, die bilderreiche Sprache, staunenswert die Schärfe und Selbständigkeit des Urteils, das sich zu allem selbst durchdachte, freilich alles auch einseitig, vom Standpunkte des Gutsherrn, der für Stadt und Arbeiterschaft kein Auge hat, auffaßte. Unvergänglich bleibt seine Kunst, seine Schilderung von Menschen in allen Lagen, sein Durchdringen der äußeren, täuschenden Hüllen, sein Wahrheitsringen, der wunderbare Instinkt, das Bezeichnende, Typische aufzufinden, die vollendete Wiedergabe des Gesehenen, die rege Phantasie, die warme satte Pinselführung, die Vertiefung der Erzählung durch unlösbares Verschmelzen mit den großen Fragen des Seins, ohne für einen Augenblick den festen Boden der Tatsachen preiszugeben: der vollendete, künstlerische, durchgeistigte Realismus.

Seine urgesunde, oft wie naiv epische Kunst handelt nur von gesunden, normalen Menschen, mögen sie auch durch eigene Schuld in anormale Lagen versetzt werden. Sie würde auf die Dauer durch ihre förmliche Nüchternheit, durch das Ausschalten alles Irrationalen, Unbewußten einseitig, wäre sie nicht mit den ewigen Schicksalsfragen verbunden und so von bloßer Erdenschwere gelöst. Die Kunst des Dostojevskij schildert im Gegenteil nur anormale, kranke, wie entwurzelte und zerrissene Menschen. Wir bewegen uns dort in einer unheimlichen Umgebung von Ganz- und Halbirren; wir verlieren den Boden unter den Füßen und schwanken zwischen höchst realer und ganz irrealer Welt. In der phantastischen Beleuchtung verzerren sich die Züge, verschwimmen die Umrisse; wir würden schließlich gegen dieses »grausame Talent« uns auflehnen, wenn wir nicht fühlten, daß nicht Lust an Selbstquälerei und Quälerei des Nächsten, sondern unendliches Mitgefühl und Erbarmen, bange Furcht um das arme Menschenkind, eine über all den Erdenjammer entsetzte Herzensgüte, die beängstigenden Darstellungen eingibt. So ergänzen beide einander, nur bildet jeder eine Klasse für sich und weist die Fehler seiner Vorzüge auf. Tolstoj, eifersüchtig die Selbständigkeit seines Urteiles gegen alle Welt wahrend, wird leicht doktrinär, legt seiner und fremder Natur gewaltsam Schranken auf, kann hart und ungerecht werden, verliert sich z. B. in der Deutung des Undeutbaren, der Wunder des Evangeliums, in glatteste Rationalistik. Und Dostojevskij kann ebenso einseitig aburteilen, läßt sich von seinem Glauben und Patriotismus fortreißen, verschließt gewaltsam die Augen vor dem Leben, möchte es zurückdrehen auf unfruchtbare Bahnen. Beide haben ästhetische Wirkungen nie beabsichtigt, und beide haben die größten ausgelöst: Tolstoj kraft seines Genius, seiner scharfen Augen, der vollendeten Wiedergabe des Geschauten und dessen Vergeistigung; Dostojevskij durch die läuternde Erschütterung, die von seinen oft entsetzlichen und unheimlichen Bildern ausgeht; die russische Literatur kennt keine gleich packenden, in atemlose Spannung versetzenden Szenen.

Siebentes Kapitel.

Die Übergangszeit.

Wie der mißglückte Dekabristenputsch, so hatte das geglückte Märzattentat Rußlands Entwicklung um Jahrzehnte zurückgeworfen. Alexander III. (1881—1893) hatte die Ermordung seines Vaters zu rächen und leitete damit eine neue Periode der Reaktion ein, die zuletzt an die Zeiten Nikolaus' I. erinnerte. Sie stand unter dem Dreigestirn: Katkov (ihr Publizist), Graf Dimitrij Tolstoj (Unterrichts- und Innenminister, im steten Krieg gegen Unterricht und Inneres); Pobjedonoscev (der Oberprokurator der Synode, der unerbittliche Gegner jeglicher liberalen Anwandlung). Der Zar selbst, beschränkt, ehrlich, konsequent, friedfertig, erkannte nur die Autorität der Selbstherrschaft an. Die Gesellschaft schien die Traditionen aus den Reformtagen Alexanders II. vergessen zu haben, verzichtete auf jede Äußerung, dachte an moralische Vervollkommnung der Individuen (daher ihr außerordentliches Interesse an Tolstojs Auftreten), an neue Sekten, an Spiritismus und Tischrücken. Der aufgezwungene »klassische« Unterricht erdrückte zielbewußt die Gymnasialjugend. Die Universitäten wurden in strengste Zucht genommen; die liberale Presse wurde unterdrückt, Schriftsteller wanderten in die Peterpaulsfestung oder nach Sibirien. Aus dieser Betäubung erwachte die Gesellschaft in den Hungerjahren 1891/92, als der Beamtenapparat gegenüber dem nationalen Elend versagte. Darauf kam der Thronwechsel. Zwar wurden die Erwartungen auf eine Umkehr bald gründlich getäuscht, trotzdem merkte man die Erschütterung der Selbstherrschaft; statt der früheren Zielbewußtheit machten sich Anwandlungen von Schwäche und Zerfahrenheit bemerkbar; im Widerspruche zu eigensten Friedensabsichten ließ sich der junge Herrscher ins Schlepptau kriegerischer Aktionen von »Imperialisten« nehmen und bahnte damit den schließlichen Untergang des alten Rußlands an.

Die Revolutionäre hatten ihren Einsatz, das Zarenleben, gewonnen, aber ihr Spiel verloren. Ihre Kraft war erschöpft, die Reihen waren dezimiert, Abtrünnige wurden immer häufiger. Jede Hoffnung auf Revolutionierung des landhungrigen, sonst gegen alles gleichgültigen Bauers war aufgegeben; sogar die Literatur verlor ihr Interesse an der unbeweglich trägen Masse. Die Regierung erschien für immer unüberwindlich. Zwei Momente änderten alles. Es bildete sich ein neuer Stand, die Arbeiter. Die Phantasien vom Mir, der kein landloses Proletariat aufkommen ließe, widerlegte der unaufhaltsame Überschuß der Bevölkerungszahl, und es strömten in immer größerem Zulauf Bauern in die neuen Industriezentren, die der Boden allein nicht mehr zu ernähren vermochte; das bisher ausschließlich agrarische Land sollte langsam industrialisiert werden, um sich in Zukunft selbst zu genügen, unabhängig von der Produktion des Auslandes, ihm nicht mehr zinsend. Eisenbahn, Fabriken beschäftigten nun die Arbeiter, die, an sich ein geringer Prozentsatz der Bevölkerung, durch ihre Zusammenballung an einigen wenigen Zentren (Petersburg, Moskau, Tula) Bedeutung gewannen und sich bald zur Verbesserung ihrer unerträglichen ökonomischen Lage zusammenfanden und organisierten. An diesen unzufriedenen Arbeiter war nun unendlich leichter heranzukommen, als in den unermeßlichen Einöden an den scheuen, mißtrauischen Bauer, und bald hatte an ihm die neue revolutionäre Propaganda gewonnenes Spiel. Ihr einstiges Interesse an der naturwissenschaftlichen Literatur war längst abgeflaut; sie klammerte sich desto zäher an die nationalökonomische, und da fiel für sie wie vom Himmel herab das Marxsche Evangelium. In keinem Lande der Welt hat dieses so überzeugte Bekenner gefunden. In den neunziger Jahren las und diskutierte die Universitätsjugend nur noch das »Kapital«, und sie trug nun die alleinseligmachende Theorie vom Klassenkampf in die Arbeiter herein, entzweite sich höchstens über der Frage, ob Rußland die Zwischenstufen der kapitalistischen Weltordnung durchlaufen oder gleich mit beiden Füßen in das sozialistische Paradies auf Erden hineinspringen werde; deutete man doch ganz willkürlich den Mir als Vorstufe einer sozialistischen Ordnung aus, die ihn vervollkommnet nachahmen müßte.

Die Literatur zehrte vorläufig von den Überlieferungen. Die alten Belletristen waren verstummt oder gestorben; der Nachwuchs verzichtete auf größeres Schaffen und begnügte sich mit Skizzen oder Novellen; im Theater herrschte völliges Chaos, man huldigte plattester Tendenz oder der Skandalchronik. Allmählich regte sich wieder Interesse für die einst verfemte Poesie und Ästhetik, weil jegliches andere Interesse wie ausgeschaltet erschien. In der Kritik der »Intelligenz« war tonangebend durch volle dreißig Jahre Konstantin Michajlovskij (1843—1906), der gelehrte Nationalökonom, der naturwissenschaftliche Methoden auf die Volkswirtschaft übertrug und durch Sicherheit seines Auftretens den Naiven imponierte: der Revolutionär, der durch die Verschwommenheit und Weitläufigkeit seiner Ausführungen die Zensurklippen zu umgehen verstand und durch selbständiges Denken, umfassendes Wissen, vorsichtige, konsequente, regelmäßige Produktion Lehren des Fortschrittes einer ganzen Generation einhämmerte, dem natürlich literarische Kritik nur erwünschtes Mittel zu diesem Zweck der Aufklärung seines großen Publikums war. Trotz dieser Ungunst der Zeiten erstarkte wissenschaftliches Leben; es war die Periode regen Schaffens auf dem Gebiete der Rechtswissenschaften, Geschichte, Literaturgeschichte, um von Chemie oder Mathematik zu schweigen. In der Philosophie ragte der freimütige, daher vom Katheder ausgeschlossene Vladimir Solovjev mit seinen halb slawophilen, halb theokratischen Konstruktionen, mit seiner unübertroffenen Gedankenlyrik, mit seinen wirklich humanitären Predigten (sonst ein Gegner Tolstojs) sowie mit seiner scharfen, witzigen Ausdrucksweise hervor und schien einer nationalrussischen Philosophie (als wenn solche möglich wäre) Bahn zu bereiten.

In der Belletristik ragte als größtes Talent ein Älterer hervor, Gleb Uspenskij (1840—1902), der von Schilderungen der Provinz, wie in Tula der Arbeiter ausgenutzt würde oder wie die Reformen das patriarchalische Paschatum beseitigten und was sie für Folgen über Familien und Individuen heraufbeschworen, zum gewissenhaftesten, gründlichsten Studium des Bauern und seiner Abhängigkeit von der Allmacht des Bodens überging. Es war dies ein erstklassiges Talent, das sich leider zu einer Art von Reportertum verurteilte und nichts ausreifen noch größeren Umfang annehmen ließ. Er zeigt tragischen Humor, Schluchzen hinter Lachen, wie Saltykov und andere Großrussen, ist noch pessimistischer, aber weniger gallig, von unglaublicher Anpassungsfähigkeit an die ungleichartigsten Individuen. Er gewährt tiefste Aufschlüsse über russische Eigenart ohne Saltykovs mürrische Einseitigkeit; nur ist sein ganzes Werk, und mag es noch so von humoristischen oder sarkastischen Bildern erhellt sein, auf den melancholischsten Ton abgestimmt. Seine Schilderungen einer Abart des »büßenden Edelmannes«, des Intelligenten, der Anschluß an das Volk treuherzig anstrebt und dafür nur gefoppt wird, des Bauern und der Zersetzung seiner Lebensart durch leichten Fabrikserwerb, des Provinzelends und der Versuche, sich darüber zu erheben, sind Kabinettsstücke; aber diese große Kunst zerflattert in der förmlich momentanen Wiedergabe aller Eindrücke und verzettelt sich in lauter Beiträgen zu dem ungeschriebenen großen Werke. Die Originalität und Vielseitigkeit dieser Beiträge aber war nicht zu überbieten.

Dieselbe Unfähigkeit zu größeren Kompositionen zeichnete den Nachwuchs aus, von dem gar viele früh verkümmerten, durch Wahnsinn, an Schwindsucht, in Gefängnissen. So der Novellist Vsevolod Garšin (1855—1888), der durch realistische Schilderungen vom Balkankriege, wie einst Tolstoj durch die Bilder von Sebastopol, sich einen Namen schuf und in Novellen und Allegorien, die sich immer pessimistischer anließen, den Anfangserfolg steigerte. So der Lyriker Nadson, der Freiheit und Fortschritt verherrlichte, soweit es die Zensur ermöglichte, und zum ersten Male seit Jahrzehnten einen ergebenen Kreis von Lauschenden um sich sammelte. Durch Skizzen aus Sibirien wurde Vladimir Korolenko vorteilhaft bekannt. Dieses Land war bis dahin in der Literatur fast unvertreten; namentlich wenig interessierte man sich für die eingeborenen Jakuten, Burjäten, Tungusen; auch bei Korolenko traten diese hinter den sibirischen Russen, Wegelagerern und Sträflingen, Beamten und Kolonisten zurück. Von diesen persönlichen Erfahrungen wandte sich der Dichter an die Eindrücke seiner Jugendzeit und ihrer kleinrussisch-polnischen Umgebung zurück, gab unendlich feine Schilderungen im »Blinden Musikanten«, schuf aber ein größeres Werk nur in den Aufzeichnungen seines Lebens. Er hatte sich durch publizistische Arbeit einen bedeutenden Einfluß erworben und brauchte ihn im edelsten Sinne, trat für alle Verfolgten ein, plädierte beredt und verständnisvoll deren Sache, aber entzog sich damit fast vollständig seinem belletristischen Berufe. Seine Novellen und Skizzen zeichnet der mit der größten Sorgfalt ausgeführte landschaftliche Hintergrund aus; wir hören das Rauschen der Wälder und Flüsse und stehen im wechselnden Tageslicht. Auf gleiche Höhe erhebt sich die psychologische Kleinmalerei; tiefste Sympathie erfüllt ihn Naturkindern gegenüber, die Intelligenz bleibt wie ausgeschlossen. Für die Opfer menschlicher Tücke oder der unerbittlichen Natur tritt er mit größter Herzenswärme ein und teilt sie dem Leser mit, ebenso seine innige, lyrische Stimmung, fern von Pessimismus, überzeugt von der ursprünglichen Güte der menschlichen Natur, deren Anwalt er sein will; seine Produktion stockte jedoch jahrelang, und ihr Ertrag blieb beschränkt.

Der fruchtbarste dieser Übergangszeit, ihr Homer, wurde Anton Čechov (1860—1904). Er hatte schon als Student mit humoristischen Feuilletons und Szenen begonnen, die er später verleugnete und aus der Gesamtausgabe seiner Werke ausschloß. Er schien sich so zu einem berufsmäßigen Humoristen ausbilden zu sollen, aber bald verlor sich sein Lachen um des Lachens willen; der Mensch und der Schriftsteller schworen es für immer ab. Doch verblieb er vorläufig bei kurzen Geschichten, die er zur Meisterschaft ausbildete, wo kein Wort überflüssig war, die er förmlich kondensierte, und erst später gönnte er sich eine immer weitere Ausführung zu Novellen, die es an Umfang mit denen Turgenevs aufnahmen. In diesen ungezählten Bildchen und Bildern spiegelte sich nun das gedrückte, gedankenarme, träg dahinfließende Leben dieser Epoche ab, und seinen ergötzlichsten Sachen haftet bitterer Bodensatz an. Er zwingt zum Lachen, nur ist es kein befreiendes, die Hemmnisse des Lebens anerkennendes und sie dadurch wie neutralisierendes Gefühl; man schaudert im Grunde vor diesen lächerlichen Menschen und ihrem Treiben, denn man ermißt das Elend, die Unkultur, die Beschränktheit, die ganze moralische und physische Armut und Unsauberkeit, die dahinter lauert; Lachen schlägt in Bitterkeit, Pessimismus um und verliert sich schließlich völlig. Sein ärztliches Studium hatte ihn aller Illusionen über den Menschen beraubt. Besonders schlecht fallen bei ihm die Frauen aus; nur Kinder und Tiere finden Gnade vor seinen Augen. Er wandert im weiten Rußland herum, mit Vorliebe im Süden, wo er (Taganrog) beheimatet war. Es ist die Provinz, die er besingt; die großen Städte tauchen nur spärlich auf. Den Bauer meidet er; als er einmal dessen Hartherzigkeit und Verkommenheit im moralischen und physischen Schmutz schilderte, empörte er damit die »Nationalisten«. Er sucht mit Vorliebe den Beamten, Lehrer und Arzt, oder den kleinen Grundbesitzer und Gewerbetreibenden auf und erzählt von deren Versinken in dem Schlamm des Lebens, wie sie von ihrer Umgebung aufgezehrt werden, von ihrer Untätigkeit, ihrem molluskenartigen Wesen, von diesen Kautschuk- und Futteralmenschen ohne Rückgrat und ohne Urteil, im besten Falle träge Zuschauer, die warten, bis der Graben zuwächst, ihn jedoch nie überspringen. Čechov wahrte sich seine Selbständigkeit, wurde daher von der »Intelligenz« als prinzipienlos scheel angesehen, bis sich seine eigene, durchaus humanitäre, allem Aberglauben abholde Stellung endgültig klärte. Seine Skizzen und Novellen sind nun die bunten Stifte, die das große Mosaik des russischen Lebens dieser Zeit ergeben; es erscheint grau in grau getaucht, stumpft die Buntheit der Einzelstifte wesentlich ab, und man scheidet von ihm mit verzweifelndem Pessimismus. Der Triumph des Banalen, Animalischen, Rohmateriellen ist vollständig; alles Gute, Höhere, Sympathische ist zum Untergang oder

Verkümmern verurteilt; nur die Kunst des Dichters, die Plastik seiner Schilderungen vermag mit ihnen auszusöhnen.

Anders tritt Čechov in seinen Dramen auf, denen er sich zuletzt ganz hinzugeben schien. Auch hier hatte er einst mit harmlosen, desto lustigeren Anekdoten begonnen, war aber noch rascher und entschiedener zu Gesellschaftsstücken übergegangen, die ausschließlich in der Provinz spielen, aber auf etwas höherem Niveau sich bewegen. Die Vertreter der alten Herrenkultur sind zum Untergang bestimmt; ohne Energie und Ausdauer warten sie ergeben oder gedankenlos ihr Stündlein ab, das sie aus den Monrepos treiben wird, in die die neuen Menschen einziehen, ohne Kultur und Ästhetik, mit gesunden Nerven und starken Muskeln. Oder es leben sich auf Kosten der Selbstlosen allerlei mehr oder minder typische Schmarotzer aus; wieder andere ergehen sich in bloßen Träumen, unfähig zu einer Tat, und machen dafür nicht sich, nur die Umgebung verantwortlich und bilden sich ein, der bloße Ortswechsel, die Übersiedlung nach der Großstadt, werde sofort ihr Leiden heilen. Doch sind es ungleich kompliziertere Typen, als die der Novellen es waren, und namentlich fällt ihr unüberwindlicher Glaube an eine lichte Zukunft, an eine höhere Menschheit auf. Nur sieht man sich vergebens um nach denjenigen, die sie verbürgen, vorbereiten sollten; die optimistische Note, die sie zur Schau tragen, befremdet förmlich. Der Art dieser Menschen entsprechen die Dramen: sie sind ohne Handlung; Stimmungen, endlose Gespräche müssen sie ersetzen, bis diese müden Menschen die Katastrophe ereilt, die abzuwenden sie unfähig sind. Aber wiederum ist es die Kunst der Charakteristik und der treffliche Dialog, die über die Leere der Handlung hinaushelfen; nur bleiben Stoffe und Personen gegenüber der überwältigenden Fülle in den Erzählungen hier in beschränkter Auswahl.

Diese Auswahl war eine ganz einseitige; die Menschen Čechovs waren »müde Menschen«, verzagte Gestalten im »Dämmerlicht« gesehen. Schon aber meldeten sich Protest- und Gewaltnaturen und mit ihnen eine neue Zeit an.

Achtes Kapitel.

Die Moderne. — Rußlands Untergang.

Die Gärung war im Lande stark gestiegen. Die gesamte »Intelligenz«, diesmal mit dem Bürgertum, ja mit einem Teil des Provinzadels, war bereit zum Zusammengehen mit der Arbeiterschaft in der Erkämpfung politischer Rechte; Universitätsunruhen, Streike aller Art mehrten sich ständig. Vom Auslande wurde Propaganda hereingebracht; es organisierten sich die ersten politischen Parteien, die sozialdemokratische voran, und oppositionelle Organe entstanden um die Wette. Die Gesellschaft war endlich aus ihrer Apathie erwacht, zumal da gegenüber den neu aufsteigenden Problemen, vor allem der Verelendung des Bauern, die Bureaukratie sich unfähig erwies. Die Selbstherrschaft grub sich noch dazu das Grab, als der unpopulärste aller Kriege, den Rußland je geführt hatte, unglücklich verlief und dies das Zeichen zum Kampfe gab; sie bequemte sich unter dem willenlosen Träumer-Zaren zum Entgegenkommen und gestattete dem verpönten Konstitutionalismus den Eingang. Die Arbeiterschaft gab sich damit nicht zufrieden, drängte zur sozialen Revolution, was die besitzenden Klassen ablehnten, daher von den Arbeitern abrückten, die von dem noch zarentreuen Heere in Moskau leicht niedergerungen wurden. Die Revolution schien nun gebrochen und erschöpfte sich vollends, als ein furchtbares Strafgericht ihre Reihen dezimierte; trotzdem blieb jede Rückkehr zur vorrevolutionären Selbstherrschaft ausgeschlossen. Und es folgte noch eine zweite Liquidierung des alten Rußland: von dem Popanz des Mir sagte man sich endlich los. Eine durchgreifende Agrarreform sollte eine lebensfähige, auf neuer Fluraufteilung begründete Bauernschaft schaffen; die jetzt endgültig landlos Gewordenen würde die Industrie beschäftigen, und schon schwebte als Endziel eine vollkommene Verselbständigung der russischen Volkswirtschaft vor, mochte auch vorläufig fremdes Geld und Unternehmertum eine Hauptrolle spielen. Zur Bewältigung dieser Riesenaufgabe war jedoch eine lange, ungestörte Friedenszeit unbedingte Voraussetzung; statt dessen stürzte man sich 1914 in den Krieg, in dem das alte und neue Rußland zugrunde gehen sollten.

In jenen Erneuerungsprozeß ist auch die schöne Literatur einbezogen worden; neue Elemente meldeten sich, von innen wie von außen. Lawinenartig wuchs die Zahl der Schriftsteller, jedes Jahr sah neue auf dem Plan; nun veränderten sich von Grund aus Stoffe, Probleme und Stile. Noch unlängst herrschten in der Darstellung die mittleren Kreise, jetzt drängten sich die kleinen Leute, Arbeiter und Bauern, vor. Ebenso verließ man die bisher ausschließlich beackerten zentralen Gouvernements; die Krim, Odessa, sogar die Sümpfe am Bug und in Polesje, Fischer und Hafenarbeiter, Pferdediebe und Schmuggler, die Juden des Ansiedlungsrayons, Geistliche und Soldaten, mit ihrer Rückständigkeit die einen, ihrem moralischen und physischen Elend die anderen, die Opfer des Lasters oder der politischen Polizei: das wurde zum Hauptinhalt dieser Literatur, die sich auf Skizzen und Erzählungen beschränkte, sich einen neuen Stil schuf, von einer Farbigkeit, Frische und Volkstümlichkeit, die die gesäuberte Sprache eines Turgenev oder Tolstoj ganz zu verleugnen schien. Diese Literatur ersetzte oder ergänzte die sozialrevolutionäre Propaganda, wenn auch ganz unbewußt; das Aufrollen des russischen Massenelends, der Verfolgung der »Fremden«, d. h. der dach- und fachlosen »Intelligenz«, mußte unwillkürlich aufreizend wirken. Der Mißerfolg der Revolution brachte seit 1906 eine unerwartete Wendung. Da man jetzt wieder das politisch-soziale Moment ausschaltete, drängte sich Persönlich-geschlechtliches vor, und die Regierung, froh über diese Ablenkung, tat nichts, um eine bisher unerhörte erotische Schmutzwelle von der Öffentlichkeit fernzuhalten; Pornographie machte sich auf Kosten der anständigen Literatur breit. Aber nur vorübergehend; man besann sich bald wieder auf die guten, alten Traditionen von der Weihe und Würde der Kunst.

Zu diesen Wandlungen von innen kamen nun die Einflüsse von außen hinzu. Nie war der Zusammenhang zwischen der ost- und westeuropäischen Literatur so innig wie jetzt; das politische Bündnis mit Frankreich ergänzte sich förmlich durch das literarische, und neben Frankreich kamen auch die nordischen, am wenigsten die deutschen Schriftsteller zum Einfluß. Alle modernen Richtungen, Parnassisten, Dekadenten, Symbolisten, Impressionisten fanden bewundernde Nachahmer, zumal in der Lyrik. Das fremdartige Neue traf auf entschiedenen Widerspruch; die am Alten Hängenden verspotteten die Jungen wegen ihrer angeblichen Unverständlichkeit, Launen, Geschmacklosigkeiten; aber die Jugend ließ sich nicht abschrecken, gewann langsam das Ohr des Publikums und hat schließlich auf der ganzen Linie gesiegt. Die Lyrik eines Balmont, Blok, Brjusov, um nur die Bedeutendsten herauszugreifen, hat das Exotische von Stoff und Motiven; den leidenschaftlichen Kult von Farbe, Sonne, Bewegung; den eigentümlichen Zauber der Großstadt; die wunderlichsten Regungen der Instinkte; den Kampf der Geschlechter, all dies in einer unendlich verfeinerten Form und Sprache, die freilich oft nicht frei von Manieriertheit, von Archaismen, von den gewagtesten und gesuchtesten Zusammenstellungen ist, aber — schließlich dem Publikum aufgezwungen — die ererbte Gleichgültigkeit des Publikums gegenüber lyrischer Poesie glücklich überwunden und Puškin und Lermontov wieder in den Vordergrund gerückt. Auch das Theater war allerlei Experimenten preisgegeben, nach den Gastspielen der Meininger, durch Ibsen und Maeterlinck; die gewagtesten Versuche eines Sieges der Regie über die Dichtung, oder umgekehrt eines Verzichtes auf jegliche Regie auf einer einfachst stilisierten Bühne jagten einander, ohne doch den ererbten Mangel dramatischer Begabung wettzumachen. Die Zeit hätte eine Abklärung dieser Gärung gebracht und hätte eine geläuterte russische Kunst erstehen sehen, wenn sie nicht schließlich alle Grundbedingungen für jede Kunst seit 1917 ausgemerzt, jede Literatur im höheren und eigentlichen Sinne des Wortes unmöglich gemacht hätte.

An die Spitze dieser neuen Literatur gehört Maxim Gorkij (Pseudonym für Pješkov, geboren 1869), der ebenso wie Čechov seine Popularität gegen die Kritik, durch die Gunst des Publikums gewonnen hat: Čechov durch seine eigene Kunst, Gorkij durch die Roheit seiner Helden. In die müde Welt der Čechov, Uspenskij und Genossen tönten auf einmal Fanfaren des Protestes, der ungebrochenen Kraft, der wilden Instinkte herein, der Verachtung der lendenlahmen Bourgeoisie, der Apotheose der Selbstbehauptung, des willensstarken Egoismus, und es waren die romantischen »Räuber« Gorkijs, die diese neue Lehre mit Feuerzungen predigten. Das wirkte wie eine Offenbarung, diese Verachtung jeglicher Moral und Spießbürgerei, dieses Sichwälzen in der Gosse, diese Freude an der Bestürzung der Krämerseelen über die unerhörte Zumutung, sich loszusagen vom Katechismus der anständigen Leute, dieses Ahnen und Ankündigen des kommenden Sturmes der Gewaltmenschen. So unsympathisch im Grunde Gorkijs »Räuber«, Leute außerhalb des Gesetzes, Geächtete, Bewohner der Nachtasyle oder Wegelagerer waren, es imponierte ihre Stärke und Frechheit; man lauschte ihren Tiraden und bewunderte ihre Streiche, die sich auf dem geduldigen Papier grandios ausnahmen. Die Popularität Gorkijs erreichte amerikanische Rekordziffern und wurde dem naiven Auslande suggeriert. Als Gorkij dieses dankbare Thema in allen möglichen Variationen erschöpft hatte (die warme Schilderung des landschaftlichen Hintergrundes blieb dabei oft das wertvollste), wandte er sich immer breiter ausgeführten Gemälden der Arbeiterbewegung zu, schilderte in »Die Mutter«, wie eine einfache Bäuerin aus Liebe zu ihrem Sohne Propagandistin wird, wie ein Arbeiter nach allem unbefriedigenden Gottsuchen in Marx seinen Glauben findet, wie ein Polizeispitzel endigt, wie die »Revolution« in einer Kleinstadt, in seinem Okurov sich anläßt. Aber je länger seine Romane wurden, desto langweiliger wurden sie auch; zudem blieb er stets am Kleinen und Unbedeutendsten hängen. Und ebenso erging es seinen Dramen. Den größten Erfolg brachten ihm die paar losen Szenen seines »Nachtasyl« (»Zu unterst« ist der Originaltitel), wo er alle möglichen Deklassierten, Landstreicher, Säufer, Diebe über alles, natürlich auch über Gott (die »verwünschten Fragen« lassen ja den Russen nie los) sich unterhalten läßt. Seinen Haß gegen die Bourgeoisie predigten andere Stücke, die aber hinter jenen effektvollen Dialogen weit zurückstehen und sich nirgends die Bühne erobert haben. Gorkij mußte jahrelang russischen Boden meiden, geht heute mit den Bolschewiken zusammen, schmeichelt ihnen bald (entdeckte er doch in Lenin einen Peter den Großen!), bald hält er mit bitteren Wahrheiten nicht zurück: wie das Zarentum Tolstoj schonen mußte, so können auch sie Gorkij wegen seines Weltruhms nicht einfach an die Wand stellen. Als der berauschende Erfolg seiner Räuberromantik verflogen war, hat die Kritik ihm bewußt Kampf angesagt und ihn glücklich überwunden; er war bereits eine abgetane Größe, als die neuen Ereignisse ihn wieder in Erinnerung brachten. Das Wertvollste, was er geschaffen hat, ist seine Autobiographie »Unter fremden Menschen« (bisher zwei Teile, bis an sein 16. Lebensjahr): ein Zerrbild des Elends, verschönt durch Naturbilder, versöhnend durch einzelne sympathische Gestalten wie die Großmutter, interessant durch die unglaublichsten Erscheinungen: es fehlt nicht ganz an Dichtung, aber die ungeschminkte russische Wahrheit wirkt erschütternd; man bewundert die urwüchsige Kraft, die in diesen unmenschlichen Entbehrungen des Schmutzes und der Roheit nicht unterging.

Neben Gorkij hat, mit noch viel weniger Fug und Recht, Leonid Andrejev (1870—1919) Rußland und Europa mystifiziert: neben einem »großen« Realisten (denn auch dessen romantische Räuber prunken in tadellos realistischer Aufmachung) ein »großer« Symbolist. Er begann (und blieb dabei) mit Novellen und Skizzen ausgesuchter psychologischer Probleme meist unerquicklichster

Art, mit krassestem Realismus, gegen den die Gräfin Tolstoj Protest einlegte. Besondern Erfolg erzielte er mit seinem »Roten Lachen«, dem geistigen Massendefekt in der Armee während des japanischen Krieges, einer nervenzerreißenden Schilderung von Wahnsinnigen durch einen Wahnsinnigen. Wertvolleres schuf er, wo er sich (»Die sieben Gehenkten«; »Der Gouverneur«) mit Vermeidung aller Exzentrizitäten an die schaurige Wirklichkeit hielt. Er ging wie Gorkij ohne dramatische Begabung zum Drama über und zeichnete vor allem in dem Symbolischen, Allegorischen das von unbekannten, unheimlichen, feindlich-gleichgültigen Mächten einem unbekannten Endziele zugetriebene Menschenleben; die Macht des Hungers; die ehernen Wände, an denen sich die Menschheit die Köpfe einrennt; den Fanatiker der Zerstörung um der Zerstörung willen, à la Bakunin; die Bewunderer des Kosmos, die allerdings auf Erden bitteren Enttäuschungen ausgesetzt werden. Alle diese Symbolik greift jedoch nicht tief, und der Leser muß sich mit dem guten Willen des Autors und seinen Andeutungen zufrieden geben; den Zuschauer entschädigte des Stanislavskij unübertroffene Regiekunst. Zur Revolutionierung der Geister trug dies entschieden bei, denn der Naive durchschaute nicht das Fadenscheinige dieser Ausführungen eines überzeugten Pessimisten und Skeptikers, der nach den grellsten Effekten hascht, um die Lust am Leben zu zerstören, mit orientalischem Fatalismus der Auflösung entgegenzugehen und das Leben als ein Spiel unvernünftiger, unheimlicher Kräfte anzuschwärzen. Neben diesen im Auslande bekanntesten, eine Zeitlang auch in Rußland äußerst populären Namen behaupteten sich mit Mühe wirklich talentvolle Vertreter des Romans und der Novelle. So Michail Arzybašev, auf dessen »Sanin« die Aufmerksamkeit in Deutschland hinlenkte die unnütze Verfolgung von seiten der Staatsanwälte (dessen, was die russischen durchgelassen hatten; allerdings erfreute sich Rußland seit 1905 einer außerordentlichen Druckfreiheit, die erst später etwas gehemmt wurde). Sanin war ein neuer Typus, etwa wie Bazarov seinerzeit; er hat den Glauben an alle metaphysischen, sozialistischen und politischen Formeln abgeschworen und lebt nun einfach seinen Instinkten nach, hat alles moralische Reisegepäck zum Fenster hinausgeworfen und sich in die Büsche geschlagen, ein echtes Raubtier; weh dem, der ihm ins Gehege kommt, wenn er nicht der Stärkere ist. Sein Triebleben spricht sich am offensten dem Weibe gegenüber aus; daß er über Leichen seinen Weg findet, bleibt ihm gleich, wenn er nur seinen augenblicklichen Trieb befriedigt. Diese höchst unsympathische Natur, der jeder Gedanke an Altruismus abgeschmackt vorkäme, imponiert durch ihre urwüchsige Roheit; rings um sie fallen durch ihre Schwäche verschiedene dem Selbstmorde anheim. Und diese Selbstmordmanie tobt sich aus in dem Roman »Bis zum Extrem«; in keiner Literatur der Welt existiert ein Werk, in dem natürlicher und gesuchter Tod so viel Opfer wegrafft, als Verhöhnung des Lebens auftritt. Diese moralische Epidemie ist nicht von Arzybašev erfunden; sie war, namentlich in gewissen Zeitläuften, charakteristisch; nirgends wurde das Leben so leicht weggeworfen, wie hier gerade von der Jugend. Arzybašev ist Individualist, Stirners, nicht Marx' Schüler, nur läßt seine markige Kunst alle Theorie vergessen; ein Verehrer von Kraft und Leben in all ihrer Wildheit und Roheit, läßt er seine Helden ihrem Instinkt folgen, mag dieser sie auch zermalmen.

Neben ihm würde sich ein F. Sologub (Pseudonym für Teternikov) mit Ehren behaupten, wenn er von seinen realistischen, außerordentlich lebenswahren und lebensvollen Schilderungen nicht in schier unverständliches Symbolisieren und in unglaubliche Märchenlandschaften und gleich phantastisches Menschentreiben ausgewichen wäre. Er ist ein namhafter lyrischer Dichter, hat aber das Maß für Gegenständlichkeit förmlich verloren; in modernster streng realistischer Umgebung stoßen sich wunderlichst erfundene Menschen und Vorgänge. Sein Bestes war der »Kleine Teufel«, die Studie eines Psychopathen, eines rohen und beschränkten, kriecherischen Gymnasiallehrers, der im Verfolgungswahn endigt: bis auf diesen

Zug wäre sein Peredonov auch ein neuer, höchst markanter Typus geworden.

Fern von allen Ausflügen ins Märchenland und Symbolisieren erhielt sich die realistische, unendlich naturwahre Kunst eines A. Kuprin, der die lange Reihe wenig erfreulicher Offiziersnovellen mit seinem »Duell« eröffnete und für seine objektive Darstellung die heikelsten Themen wählte. Bekannter wurde in Europa Veresajev (Smidovič), ein Arzt, der durch seine »Aufzeichnungen eines Arztes« und die unverfälschte Darlegung der Schattenseiten, die ja in jedem menschlichen Beruf sich finden, durch seine Schilderungen des Kriegsgemetzels, daneben auch durch Vorführung der in ihren Wegen und Zielen sich selbst unklaren und stets schwankenden Intelligenz interessante Aufschlüsse gewährte. Doch die Zahl dieser Novellisten, die sich ausnahmsweise auch zu größeren Werken verstiegen, war Legion. Sie schöpften auch fast alle aus der erschütternden Tragik der Judenpogrome und der Entfesselung aller bestialischen Triebe der Menge; diese entsetzlichen Zustände schilderten jüdische Novellisten und Dramatiker, ein Juškevič und andere. Den elementaren Haß des Judentums gegen die dergleichen duldende Regierung lernt man aus diesen Bildern des Grauens verstehen; kein Wunder daher, daß der Prozentsatz der jüdischen Revolutionäre außerordentlich gestiegen war. Aus der Reihe der Kritiker ist der Dichter und Gottsucher Merežkovskij besonders hervorzuheben, namentlich durch seine Studien über Dostojevskij und Tolstoj bekannt, zugleich einer der wenigen erfolgreicheren Pfleger des historischen Romans, mag auch der innere Zusammenhang seiner Trilogie vom Apostata, Leonardo da Vinci und der Umgebung Peters des Großen uns nur erzwungen dünken; seine Dramen und Romane von Paul I., von den Dekabristen sind äußerst gewissenhaft ausgeführt. Gegen die Bedeutung, die er in anderen Literaturen beanspruchte, trat in der russischen der historische Roman arg zurück, lebte doch der Russe vor allem in der und für die Gegenwart, fiel es ihm doch schwer, schon durch den Mangel an Anhaltspunkten (wie modern sind die meisten russischen Städte!) regeren historischen Sinn zu erwecken, erinnern doch ein Petersburg oder Odessa eher an amerikanische als an europäische Mittelpunkte; nicht einmal der Lokalpatriotismus des Moskauers konnte diesen Mangel ersetzen.

Der Anteil der Frauen, gemessen an dem Anteil der Polinnen an der Literatur ihres Landes, war minimal und erhob sich meist nicht über Leihbibliotheksromane und Albumverse: eine äußerst auffällige Erscheinung, wenn man die glänzende Veranlagung der russischen Frau berücksichtigt — stellten sie doch die temperamentvollsten Vertreter der Revolution. Es rächte sich sichtlich die dauernde Abschließung der Frau vom öffentlichen Leben wie von einer gründlicheren Bildung; es änderte sich dies erst in der zweiten Hälfte des 19. Jahrhunderts. Gedenkt man der herrlichen Frauengestalten, die ein Turgenev oder Tolstoj geschaffen haben, so wundert man sich unwillkürlich, daß sich die Frau nicht tiefer im Geistesleben der Nation eingezeichnet hat; man vergesse nicht, daß sie nach ihrer Emanzipation seit 1860 den Männern das Schriftstellern überließ, sich selbst entsagungsvoll und aufopfernd in den sozialen Dienst stellte und als Lehrerin und Pflegerin das Wichtigste leistete. Auch dies gehört heute, wie alles andere, unwiederbringlicher Vergessenheit an.

Ein eherner Koloß auf tönernen Füßen, schlug plötzlich das zarische Rußland um und begrub alles unter sich, das Reich, seine geistigen und materiellen Kräfte. Der Krieg gegen die Zentralmächte, der die Erfüllung aller slawophilen Träume zu verbürgen schien und ungeheuchelten Enthusiasmus auslöste, enttäuschte alle durch seine Rückschläge und zermürbte sie durch seine Dauer. Als nun Nikolaus II. ohne jeden Kampf abtrat, begingen die neuen Machthaber, die um Miljukov ebenso wie die späteren um Kerenskij, den unglaublichen, unverzeihlichen Fehler, daß sie für die Entente, die Rußland schonungslos dem Untergange preisgab, den Krieg fortsetzten. Dieses Verbrechen an Rußland nutzten die im Hintergrunde lauernden machthungrigen Lenin und Trotzkij aus. Sie ergriffen die losen Zügel der Regierung, verfielen aber nicht mehr in den Fehler ihrer Vorgänger, sondern schlossen sofort Frieden. Das neue Regierungssystem freilich, das sie heraufführten, und die ganz anderen Zielen zustrebende Gewaltpolitik förderten zwar eine eifrige propagandistische Literatur, ließen aber, soweit bekannt, alles schöngeistige und künstlerische Leben verkümmern. Ob wirklich eine neue Kunst und eine neue Dichtung aus diesen ganz veränderten Verhältnissen erstehen wird oder damit aller eigentlichen Kultur das Grab geschaufelt worden ist, muß die Zukunft lehren.

Der zwei Jahrhunderte alte Gegensatz Petersburg—Moskau ist endlich ausgetragen. Nach 1856, als sich alle Reformarbeit in Petersburg sammelte, schien Moskau trotz Katkov zurückzuweichen, sich der Pflege von Literatur und Kunst zu widmen. Das künstlerische Theater des Stanislavskij, große öffentliche Sammlungen, modernistische Organe und Vereine legten dafür Zeugnis ab. In den Revolutionstagen 1905 drängte sich allerdings das sozialistische Moskau vor, trat dann aber wieder gegen Petersburg als Mittelpunkt des öffentlichen Lebens und Sitz der Reichsduma zurück. Der Krieg brachte die Wendung. Die Lage Petersburgs bewirkte die ersten Umsiedelungen nach Moskau, denen nach dem Umsturz von 1917 weitere folgten. Der natürliche Mittelpunkt des Reiches wurde nun auch zum politischen; das desorganisierte Land konnte seine Nevahauptstadt nicht einmal ernähren, und diese sinkt täglich tiefer. Das Herz Rußlands schlägt wieder in Moskau wie vor Jahrhunderten, und nur von Moskau her wird auch seine Erlösung kommen. Die Petersburger Periode war nur ein Zwischenspiel, Peter des Großen europäischer Traum weicht der russischen Wirklichkeit.

Was ist, abgesehen vom Volke selbst, von diesem Traume übrig? Die Erinnerung an ein Weltreich, das von der Weichsel bis Alaschka und vom Eismeer zum Kaspi reichte, die Erschließung dieser

Gebiete für halbeuropäische Kultur, eine Kunst und Literatur endlich, die das Gut der Menschheit bereicherten, zumal in ihren Spitzen: dem schönheitstrunkenen Puškin, dem vom Jammer der ganzen Menschheit erfaßten Dostojevskij, dem unermüdlichen, rücksichtslosen Wahrheitssucher Tolstoj. Man stelle daneben die nordamerikanische Literatur, um den Wert der russischen abzuschätzen. Diese Verkörperungen von Schönheit, Güte und Wahrheit, diese drei Gipfel der Literatur, ragen in alle Zeiten. Um sie herum die vielen wackeren Kämpfer, die, da alles mundtot war, die Stimme des öffentlichen Gewissens, den Protest im Namen der Menschheit, die veredelnde, erhebende Gedankenarbeit vertraten, mit einer Kunst, die allem Phantastischen abhold, nur die Gegenwart im Auge haltend, durch ihren Realismus, d. h. durch ihre Aufmerksamkeit, Offenheit, Innigkeit Sinn und Herz der Nation eroberte und dem schließlichen Fortschritte die Wege bereitete. Sie bleiben unvergessen.

Wissenschaftliche Hilfsmittel.

Die unendliche Fülle russischer Werke wird hier übergangen. An deutschen ist zu nennen die heute schon veraltete »Geschichte der russischen Literatur« von Alexander von Reinholdt, Leipzig 1886. In der Amelangschen Sammlung »Die Litteraturen des Ostens in Einzeldarstellungen« erschien 1906 eine Geschichte der russischen Literatur von A. Brückner, 1921 in zweiter, unveränderter Auflage, übersetzt ins Russische und andere Sprachen. Kleinere Darstellungen von A. Brückner in der Sammlung Göschen 1919, Nr. 166 und 788, u. a. Monographien fehlen, außer flüchtigen Skizzen und Studien (Zabel, Turgenev; Zweig, Dostojevskij u. a.); die von R. Löwenfeld über L. Tolstoj blieb unvollendet. Dem Werk von K. Nötzel (»Das heutige Rußland, eine Einführung an der Hand von Tolstojs Leben und Werken«, München 1915 und 1918) fehlt noch der Schlußband. Über russisches geistiges Leben berichtet am besten und gründlichsten das Werk des Böhmen (heute Präsidenten der böhmischen Republik) Th. G. Masaryk: »Rußland und Europa. Studien über die geistigen Strömungen in Rußland. Erste Folge. Zur russischen Geschichts- und Religionsphilosophie. Soziologische Skizzen«, 2 Bände, Jena 1913.

In französischer Sprache sind außer dem veralteten Werk von E. de Voguë, Le roman russe, Paris 1887, treffliche Monographien über Gončarov, A. Tolstoj, Lermontov, Ostrovskij zu nennen.

In englischer Sprache geschrieben sind die Vorlesungen des Anarchisten Fürst Krapotkin, die übersetzt unter dem Titel »Ideale und Wirklichkeit in der russischen Literatur«, 1906 erschienen.

Übersetzungen belletristischer Werke sind massenhaft vorhanden, namentlich deutsche; die Auswahl ist oft eine sehr fragwürdige. Vieles davon bietet die Reclamsche Universalbibliothek.

Zeittafel.

1708 »Geometrie«, erstes mit »bürgerlicher« d. i. modernisierter Schrift gedrucktes Buch; die alte Schrift bleibt für liturgische Zwecke vorbehalten.
1737 Ode des Lomonosov auf die Einnahme von Chotim: Beginn der neuen Posie.
1756 Eröffnung des ständigen russischen Theaters in Petersburg; Direktor, der Vielschreiber Sumarokov.
1760 und 1770 Satirische Wochenschriften, zuletzt mit Novikov und Katharina II. als Mitarbeitern.
1766—1768 und 1782 die beiden Komödien Fonvisins.
1782 und 1784 Deržavins Oden an Felica und »Gott«.
1790 Radiščevs »Reise von Petersburg«; Verfolgung des Buches und Schriftstellers.
1792 Verfolgung Novikovs, des Freimaurers, Philanthropen und Verlegers.
1803 Liberales Zensurstatut.
1803ff. Kampf zwischen dem alten und neuen (Karamzinschen) Stil.
1809 Erste Ausgabe von Krylovs Fabeln.
1812 Žukovskijs »Sänger im russischen Heereslager«; seit 1817 bis 1852 seine Übersetzungen.
1820 »Ruslan und Ljudmila« Puškins; seine Verbannung nach dem Süden.
1821 Sein »Gefangener vom Kaukasus«; hierauf die anderen kleinen Epen.
1823 Beginn des »Onjegin«; 1823 und 1824 vollendet Gribojedov seine Komödie.
1825 »Boris Godunov« des Puškin.
1830 „Onjegins" Abschluß.
1836 „Revisor" Gogols.
1837, 27. Januar, Puškins Duell; 29., Tod. Lermontovs Ode und Verbannung.
1841, 15. Juli, Duell und Tod Lermontovs. Bjelinskij siedelt nach Petersburg über.
1842 Gogols »Tote Seelen«.
1845 »Arme Leute« des Dostojevskij.

1847 Gogols »Ausgewählte Korrespondenz«. »Der Zeitgenosse« unter der neuen Redaktion (Nekrasov); Bjelinskijs kritische Aufsätze (seit 1841 in den »Vaterländischen Annalen«) und Absage (aus Salzbrunn) an Gogol. Turgenev beginnt die »Aufzeichnungen eines Jägers«. Ostrovskijs Kaufmannskomödie.
1849 Die Verfolgung der Petraševzen; Dostojevskijs Verurteilung.
1852 L. Tolstojs »Kinderjahre«. Turgenevs »Aufzeichnungen«.
1856 Saltykovs (Ščedrin) »Gouvernementsskizzen«.
1859 Gončarovs »Oblomov« und Turgenevs »Adelsnest«. Ostrovskijs »Unwetter«.
1861 Dostojevskijs »Memoiren aus dem Toten Hause« und Tolstojs »Kosaken«.
1862 Turgenevs »Väter und Söhne«. Verhaftung von Černyševskij und Pisarev.
1864 »Was thun?«, Roman von Černyševskij; seine Verschickung nach Sibirien.
1866 Dostojevskijs »Verbrechen und Strafe«.
1865—1867 »Krieg und Frieden« Tolstojs; 1869 Buchausgabe.
1868—1871 Dostojevskijs »Idiot« und »Teufel«.
1876 und 1877 »Anna Karenina« Tolstojs. »Neuland« Turgenevs.
1877 Garšins »Vier Tage«.
1880 Abschluß der »Brüder Karamasov« Dostojevskijs; seine Puškinrede in Moskau 8. Juni.
1881 Tolstojs »Mein Bekenntnis«.
1885 »Makars Traum« von Korolenko.
1887 Čechows kurze Geschichten. Tolstojs »Macht der Finsternis«.
1892 Gorkijs Skizzen. Auftreten von L. Andrejev.
1900 »Auferstehung« Tolstojs. Tätigkeit der »Modernen«, zumal der drei B. (Balmont, Blok, Brjusov).
1907 »Sanin« des Arzybašev.

Namenverzeichnis.

Sachverzeichnis.

Alexander Puškin

* 1799 † 1837

Alexander Gribojedow

* 1795 † 1829

Michael Lermontov

* 1814 † 1841

Nikolaus Gogol

* 1809 † 1852

Wissarion Bjelinskij

* 1811 † 1848

Alexander Herzen

* 1812 † 1870

Ivan Turgenev
* 1818 † 1883

Michail Saltykov
* 1826 † 1889

Nikolaj Nekrasov

* 1821 † 1887

Nikolaj Černyševskij

* 1828 † 1889

Leo Tolstoj

* 1828 † 1910

Jugendbildnis
als Artillerieoffizier

Als Greis

Fjodor Dostojevskij

* 1821 † 1881

Anton Čechov

* 1860 † 1904

Maxim Gorkij
* 1869

Leonid Andrejev
* 1870 † 1919

Zeitfracht Medien GmbH
Ferdinand-Jühlke-Straße 7
99095 Erfurt, Deutschland
produktsicherheit@kolibri360.de

Druck:
CPI Druckdienstleistungen GmbH
im Auftrag der
Zeitfracht Medien GmbH
Ein Unternehmen der Zeitfracht - Gruppe
Ferdinand-Jühlke-Str. 7
99095 Erfurt